George CADIER

Une Minorité Catholique

dans le pays de John Knox

Une Minorité Catholique

DANS LE PAYS DE JOHN KNOX

THÈSE

PRÉSENTÉE

A LA FACULTÉ DE THÉOLOGIE PROTESTANTE DE MONTAUBAN

EN JUILLET 1899

PAR

George CADIER

BACHELIER ÈS-LETTRES

POUR OBTENIR LE GRADE DE BACHELIER EN THÉOLOGIE

CAHORS

IMPRIMERIE A. COUESLANT, 1, RUE DES CAPUCINS

1899

RÉPUBLIQUE FRANÇAISE

UNIVERSITÉ DE TOULOUSE

Faculté de Théologie Protestante de Montauban

Professeurs.

MM. C. BRUSTON, ✻ I. ✿, *Doyen*. Exégèse et Critique de l'A. T.
A. WABNITZ, I. ✿........ Exégèse et Critique du N. T.
E. DOUMERGUE, I. ✿..... Histoire ecclésiastique.
F. LEENHARDT, I. ✿..... Philosophie et Sciences.
F. MONTET, A. ✿........ Grec du N. T. et Patristique.
H. BOIS, A. ✿........... Théologie systématique.
L. MAURY................ Théologie pratique.
A. WESTPHAL............ Cours complémentaire de Théologie biblique et d'histoire des Religions

J. PÉDÉZERT, ✻, I. ✿, professeur honoraire.
J. MONOD, ✻, I. ✿, doyen honoraire.

Examinateurs.

MM. F. MONTET, *président de la soutenance.*
WABNITZ.
DOUMERGUE.
BOIS.

La Faculté ne prétend ni approuver ni désapprouver les opinions particulières du Candidat.

Mon cher père,

Tu as fait naître en moi le goût des études historiques — je te dédie ma thèse. Je dois à ton exemple et à tes conseils l'intérêt qu'elle peut présenter ; couvre ses lacunes de ton indulgence paternelle.

G. C.

Introduction

Habitant, dans la cité presbytérienne d'Edinburgh, une maison dont les fenêtres donnent, d'un côté, sur les dômes vitrés d'une église de Jésuites et, de l'autre, à la fois sur la façade d'un Catholic working boys' home *et dans la cour d'un couvent où circulent les corsages bleus des fillettes et les voiles noirs des religieuses, les questions devaient se presser nombreuses dans notre esprit. Ces catholiques vivant dans le pays le plus protestant du monde, quel a été leur passé ? comment ont-ils pu échapper à la tourmente de la Réformation ? comment furent-ils traités, eux dont l'histoire parle si peu, par leurs gouvernements et par ces calvinistes écossais qui jouent un si grand rôle depuis trois siècles ? quelles sont aujourd'hui leurs conditions d'existence et quelles promesses l'avenir a-t-il pour eux ? — Questions bien nouvelles pour un fils de huguenot qui, en passant de France en Ecosse, a vu le renversement des conditions religieuses.*

Nous voudrions, dans ces pages, jeter un peu de lumière sur les destinées de l'église catholique d'Ecosse, depuis le jour où se fit entendre le premier cri de la Réforme et où elle engagea la lutte contre le protestantisme que fit triompher Knox, jusqu'à l'époque actuelle où elle a retrouvé son indépendance. La partie la plus originale de notre étude nous a mis en présence d'une minorité souvent persécutée, souvent victime des fureurs du gouvernement et du peuple et pour laquelle nous éprouvons une sympathie sincère. Quelle que soit l'aversion que nous inspirent les principes catholiques, nous voyons dans la vie de cette église assaillie de tous côtés et trouvant toujours de courageux représentants, une belle page de l'histoire du christianisme. Souvent, dans la poitrine des défenseurs du « papisme », nous avons senti battre un cœur croyant et pieux et, oubliant le catholique romain, nous avons salué le chrétien convaincu qui souffre pour sa foi.

Les historiens catholiques flétrissent de leur éloquence la plus indignée les rigueurs dont furent victimes leurs coreligionnaires. Ils nous montrent, avec abondance de détails, le spectacle nouveau de l'église persécutrice par excellence souffrant pour sa doctrine et pour son culte, et le langage qu'ils tiennent sur les presbytériens écossais évoque le souvenir de certaines compagnies de jésuites agissant ad majorem Dei gloriam. *Ils noircissent les ombres du tableau.*

Les historiens protestants, au contraire, glissent rapidement ou même se taisent tout à fait sur l'histoire des catholiques écossais[1]. *Sont-ils ignorants du sort de ces frères ? s'en désintéressent-ils ? éprouvent-ils en y pensant un secret malaise de conscience ? — quoi qu'il en soit, le tableau est à peine esquissé.*

Nous voudrions mettre les choses au point; donner aux persécutions des catholiques par les protestants leur juste importance; faire la part des nécessités politiques à côté du fanatisme religieux; montrer que si les presbytériens furent intolérants, les « papistes », par leurs intrigues, mirent en danger les destinées de leur pays et, par leurs théories politiques et morales, justifièrent trop souvent les rigueurs dont ils furent l'objet de la part d'un peuple jaloux de sa liberté et de sa religion.

[1] « Il est remarquable, écrit l'Ecossais Chambers, que, tandis que les historiens de notre pays et de sa religion nationale relèvent avec soin le moindre incident du conflit qui divisa presbytériens et épiscopaux, ils ne font pas la moindre allusion aux souffrances des catholiques auxquelles contribuèrent également presbytériens et épiscopaux. » Cité par M. Alphons Bellesheim, chanoine à Aix-la-Chapelle, dans son *History of the Catholic Church of Scotland* (traduite par D. Oswald Hunter Blair moine de Fort-Augustus). — 4 volumes, Edinburgh et Londres, 1887-1890, v. IV, p. 23).

Les deux derniers volumes de cet ouvrage contiennent la seule histoire presque complète du catholicisme en Ecosse, depuis la Réformation. Nous n'avons consulté que la traduction anglaise dont nous n'avons malheureusement pas pu vérifier la fidélité.

PREMIÈRE PÉRIODE

La vieille église et la Réformation

Le catholique qui vivait en Ecosse au XVIe siècle a assisté à la plus grande convulsion qui ait bouleversé son pays. Il a vu arriver d'Allemagne des vaisseaux apportant des livres de Luther ; il a entendu la voix des premiers révoltés dénonçant les erreurs de Rome et la fausseté des prêtres ; et, ces livres et ces voix ayant péri dans les bûchers, il a vu arriver d'autres livres, se lever d'autres voix, jusqu'à ce que le clergé effrayé, incapable d'arrêter le courant qui le battait en brèche, fût forcé d'avouer son impuissance et de plier devant les réformés qui brisèrent la vieille église.

I. — DÉCLIN DE LA VIEILLE ÉGLISE

La lumière ne venait pas seulement du continent. Sur le sol même de l'Ecosse, l'instruction s'était répandue. Les prêtres, en l'encourageant, préparaient inconsciemment leur propre ruine. Jusqu'au XVe siècle, les ecclésiastiques seuls recevaient quelque instruction ; les nobles s'occupaient de la guerre, le peuple croupissait dans l'ignorance. L'Ecosse ne possédait que deux collèges, fréquentés par les clercs, à Oxford, celui de Baliol, à Paris, celui des Ecossais, lorsque, en 1410, l'évêque Henri Wardlaw jeta les bases de l'université de Saint-Andrews d'après les modèles qu'il avait vus en France. Cet exemple amena la création de deux autres universités, à Glasgow (1450), et à Aberdeen (1494). Dans cette dernière ville, le « Royal College » fut dû à l'initiative de l'évêque Elphinstone. Ces *studia generalia* comptèrent, parmi leurs premiers professeurs et étudiants, trois des plus grands noms de la Réformation, John Major, John Knox et George Buchanan. De plus, le clergé ouvrit des écoles de grammaire et obtint que le cinquième parlement de Jacques IV ordonnât, en 1496, à tous les barons et francs-tenanciers d'envoyer à l'école leur fils aîné dès l'âge de neuf ans, sous peine d'une amende de vingt livres[1]. L'instruction montait en estime ; nobles, barons et même riches bourgeois suivaient l'école, et le bas clergé, toujours ignorant, perdit la supériorité que lui donnait son peu de science. Les superstitions romaines étaient menacées.

D'autres raisons devaient hâter la débâcle du catholicisme écossais. Ses théologiens, après Duns Scot, le champion de l'immaculée conception de la Vierge, défendaient les plus audacieuses absurdités de la scolastique ; tant de subtilité et d'argumentation n'était fait ni pour contenter le gros bon sens du peuple, ni pour résister au mouvement des esprits vers l'indépendance et la lumière[2]. Egalement ridicules étaient les pratiques prétendues pieuses par lesquelles l'église voulait s'attacher le peuple : vente des indulgences et des reliques, pèlerinages, processions, représentations de mystères mi-religieux, mi-obscènes[3]. La prédication était ou bien tout à fait abandonnée ou grotesque au plus haut point ; elle devint un des thèmes

[1] Ces enfants devaient « remain at the grammar-schools until they be competently founded and have perfect Latin; and hereafter to remain three years at the schools of art and jure, so that they may have knowledge and understanding of the laws ». Acte du parlement, cité par John Hill Burton, *The History of Scotland*, 2e édit. Edinburgh, et Londres, 1873, v. III. p. 400.

[2] En 1550, au moment où l'Eglise catholique touchait à sa ruine, l'université de Saint-Andrews se passionnait pour une discussion des plus fantaisistes : le *Pater noster* doit-il s'adresser à Dieu seul ou à la fois à Dieu et aux saints ? Cf. *History of the Church of Scotland* by the Right Rev. John Spottiswoode, archbishop of Saint-Andrews, and lord Chancellor of Scotland; Edinburgh M.DCCC.XLVII ; vol. I, pp. 180 à 182.

[3] Le peuple, dont l'instruction religieuse était nulle, exagérant la pensée de ces mystères, eut ses fêtes grossières, véritables saturnales qui pénétraient jusque dans les églises : fête des prêtres ivres, présidée par l'abbé de la Déraison, mascarade du Pape des fous, etc.

favoris des satiristes comme David Lindsay. La messe elle-même était négligée, irrespectueusement célébrée. On voyait quelquefois l'officiant sans vêtement ecclésiastique, chapeau sur tête, mal rasé et mal tonsuré ; le peuple n'y assistait presque plus.

L'église était devenue risible, elle se rendit odieuse. Les excommunications *(cursing)* étaient prodiguées avec si peu de mesure qu'elles perdaient leurs terreurs et qu'on finissait aussi par en rire ; mais l'iniquité des droits mortuaires *(corse present)*, taxes écrasantes prélevées par le prêtre qui présidait aux inhumations, et la levée des dîmes, oppressives pour les agriculteurs, révoltaient les laïques contre ces serviteurs de Dieu qui venaient à eux armés de châtiments civils et d'anathèmes ecclésiastiques — d'autant plus que ce clergé ne s'imposait à la sympathie et à l'estime du peuple ni par son désintéressement, ni par son austérité.

Partout la simonie. L'argent semblait le seul objet pour lequel fonctionnaient tous les rouages ecclésiastiques. La vente des bénéfices était passée entre les mains du roi et des nobles qui ne valaient guère mieux que la curie romaine ; le cumul, la commende, le patronage des paroisses par les monastères, étaient choses communes et calamités publiques ; les bâtards des rois étaient abbés ou archevêques, quelquefois dès le plus bas âge ; les ecclésiastiques, subordonnant à des considérations personnelles et politiques les intérêts de la religion, vivaient dans la fainéantise, s'occupaient de commerce, ou se lançaient dans des intrigues incessantes ; on vit le pays bouleversé par des querelles entre évêques ; vêtus de soie et tenant table délicate, les prélats étaient des meneurs politiques et même militaires ; l'église possédait la moitié de la richesse nationale[1].

[1] Les rois, qui avaient eu besoin des évêques pour contre-balancer l'ambition des barons, avaient agrandi les propriétés et les privilèges des ecclésiastiques, sans penser aux dangers que cette puissance temporelle du clergé ferait courir aux libertés nationales. Avant la Réformation, il y avait en Ecosse 174 maisons religieuses et 3000 ecclésiastiques (d'après Cunningham, il y en aurait eu 4600), ayant un revenu approximatif de 327,734 livres sterling (Cf. Bellesheim, II, 312 et IV. 424).

La vie facile et luxueuse avait poussé le clergé sur la pente de l'immoralité. Il semble que le vœu de chasteté n'ait conservé presque aucun observateur parmi les prêtres, les moines et les nonnes ; que la séduction des femmes et des filles, qui venaient en confesse ait été chose commune ; et que, d'ordinaire, les prêtres aient vécu ouvertement avec leur maîtresse et leurs enfants, pour lesquels on réservait une part des revenus ecclésiastiques. « Ces unions, dit Hill Burton, avait souvent quelque chose de respectable et les concubines du haut clergé, ainsi que ses enfants illégitimes, avaient leur place marquée dans la société ; cependant ces personnes ne pouvaient échapper à une certaine flétrissure [1] ».

Parmi le peuple même, le mariage était tenu en médiocre estime à cause de l'indulgence de l'église pour la cohabitation des fiancés avant le sacrement, de la complaisance des prêtres à consacrer des unions clandestines à l'insu des familles intéressées, à cause surtout de la facilité du divorce. Il existait tant de motifs possibles de rupture légale dans la petite Ecosse où tout le monde était un peu de la même famille ! « Défendu à huit degrés de consanguinité, le mariage devint, de fait, un contrat temporaire, ou, pire encore, un marché que l'une ou l'autre des parties pouvait rompre à plaisir [2] ».

La cour royale n'avait pas échappé à la corruption générale et rien ne nous paraît mieux fait, pour illustrer les pages précédentes, que l'histoire de Jaques IV. Ce roi, très populaire, donna à son pays quelques années de brillante prospérité. Il fut un des fils favoris de l'église dont il observait fidèlement les pratiques. « Il ne mange pas de viande le mercredi et le vendredi, écrit un de ses admirateurs ; il ne consentirait sous aucune considération à monter à cheval le dimanche, pas même pour se rendre à la messe ; il dit toutes ses prières ; avant de s'occuper d'aucune affaire il assiste à deux messes ; il fait libéralement l'aumône et se

[1] *History of Scotland*, III, 311.
[2] D'après le professeur Innes, cité par Hill Burton, III, 315.

montre juge sévère, surtout pour les meurtriers ; il a une grande prédilection pour les prêtres et il en reçoit des conseils, particulièrement des frères observantins auxquels il se confesse [1] ». L'existence de cet excellent catholique fut un mélange de crimes scandaleux et de repentirs amers, de gaîté débordante et de profonde mélancolie. Ayant trempé dans un complot dont son père avait été victime, il fut poursuivi de remords et, en pénitence, par ordre du pape Alexandre VI, il porta toute sa vie une ceinture de fer. Cependant, jamais cour écossaise ne fut si gaie que la sienne ; jamais les charmes d'une femme ne le trouvèrent rebelle. Jacques fut un libertin et il mit le libertinage à la mode. Mais, le premier transport passé, il était toujours prêt à faire pénitence dans un accès de dévotion ardente et abjecte [2]. Il fit des pélerinages, soit seul, à pied, soit accompagné de sa femme, aux sanctuaires vénérés de l'Ecosse. Le pape, heureux d'une telle piété, lui envoya un casque et une épée avec le titre de « Protecteur de la foi ». Jamais religion et immoralité ne firent si bon ménage. — La fin de Jacques IV fut un digne couronnement de sa vie. Avec son fils naturel, Alexandre Stuart, déjà archevêque de Saint-Andrews, il envahit l'Angleterre, à la tête de l'armée la plus belle que l'Ecosse eût jamais possédée. Une action rapide eût eu raison des Anglais, mais, arrivée au château de Ford, l'armée s'immobilisa et perdit un temps précieux. Qu'arrivait-il ? — Le roi s'était laissé captiver par la châtelaine qui lui faisait oublier jusqu'à l'existence de ses soldats, et l'archevêque avait trouvé, dans la fille de la belle dame, une conquête plus facile que celle de l'Angleterre [3]. Ce retard galant fut cause du désastre de Flodden. Les deux pieux guerriers se battirent comme des lions : ce fut pour trouver une mort, sinon sainte, du moins chevaleresque. Avec eux tombèrent

[1] Lettre de l'ambassadeur don Pedro de Pueblà à Ferdinand et Isabelle, citée par Hill Burton, III, 51, 52.

[2] Hill Burton, III, 80, 81.

[3] Cf. *The Church History of Scotland*, par John Cunningham ; 2e édit., Edinburgh, 1882 ; vol. I, p. 155.

deux évêques, deux abbés mitrés, le doyen de Glasgow et la fleur de la noblesse écossaise (1513)[1].

Le nouveau roi, tout aussi attaché au clergé, ne pratiquait pas une morale plus élevée. « Jaques V, dit Hill Burton, fut un débauché. A moins d'avoir eu des dispositions tout à fait spéciales à l'ascétisme, il lui aurait été impossible de ne pas l'être, car une marée montante de luxure passait sur l'Ecosse, et les prêtres étaient les premiers à y céder [2] ». Cependant le sentiment moral commençait à se faire jour. Jacques V lui-même se rendait compte des excès de cette église qu'il protégeait. Il fit représenter à sa cour, en 1540, la plus violente des satires de David Lindsay, où le clergé apparaissait dans une basse dégradation, la comédie des *Trois Etats*, qui, a-t-on dit, « contribua à la Réformation en Ecosse plus que tous les sermons de John Knox ».

De son côté, le parlement s'inquiétait des troubles jetés dans la vie sociale par l'immoralité des gens d'église et, en 1541, il les conjura de mener une existence moins scandaleuse et de se conformer aux lois divines et humaines [3].

La conscience de l'église fut la dernière à s'éveiller. Il fallut pour cela toute la terreur que lui inspirèrent les intrépides hérauts de la Réforme. Le catholique écossais dut pousser un soupir de soulagement lorsqu'il vit ses prêtres ouvrir leurs yeux sur leurs fautes et réagir contre leurs mœurs dissolues. Les trois conciles convoqués par l'archevêque Hamilton, en 1549, à Linlithgow, et, en 1552 et 1559, à Edinburgh, par les remèdes qu'ils proposèrent, dévoilèrent,

[1] Même après sa mort, le roi fut l'objet de la sollicitude de la vigilante église. Le pape, ayant refusé son approbation à la prise d'armes, avait lancé un interdit qui n'arriva pas à temps : le corps du « Protecteur de la Foi » se trouva disqualifié pour recevoir un ensevelissement chrétien et resta sans sépulture au moins quelques mois (Hill Burton, III, 78, note). Le despotisme de l'Eglise pesait jusque sur les cadavres de ses fils les plus dévoués.

[2] *History*, III, 186.

[3] Le parlement demandait aux prélats et à « every kirkman in his own degree, to reform themselves, their obedienciaries and kirkmen under them, in habit and manners to God and man. » Cité par Hill Burton, III, 326.

avec plus de hardiesse et de crudité que les réformateurs eux-mêmes, la plaie hideuse de l'église [1].

Nous voyons un clergé, des théologiens, des églises, des monastères, des pélerinages, de l'argent en circulation, un tissu d'intrigues ecclésiastiques, un parti politique — mais nous cherchons en vain la religion, les consciences prosternées devant Dieu. S'il en reste, ce n'est pas à cause de l'église ; c'est malgré l'église.

II. — La vieille église veut étouffer la Réforme

Pour qui connaît l'histoire et l'esprit du catholicisme, il va sans dire qu'avant d'être contrainte à l'aveu de ses hontes, l'église s'était efforcée, par tous les moyens possibles, de faire taire les audacieux dont les dénonciations venaient la troubler dans sa quiétude et dans ses péchés.

Nous ne nous arrêterons pas à raconter les persécutions dont fut l'objet l'hérésie des Lollards, ces précurseurs de la Réforme, ni le martyre de Patrick Hamilton, le jeune et brillant professeur de l'université de Saint-Andrews, dont la mort attira l'attention de l'Ecosse entière sur les idées de Luther (1528) ; nous n'énumérerons pas les prêtres, les moines [2] et les gentilshommes qui, remplis d'une foi ardente, montèrent joyeusement sur le bûcher en disant : « Celui

[1] Voir les statuts votés par ces conciles dans l'ouvrage de M. Joseph Robertson, *Concilia Scotiæ; Ecclesia Scoticanæ Statuta tam provinciala quam synodalia quæ supersunt* 1225-1559. Ces statuts sont résumés par M. Bellesheim, II, 202 à 210, 212 à 215, 244 à 251.

Il est intéressant de noter le témoignage d'un ardent partisan de la vieille église, Leslie, évêque de Ross : « The abbeys came to secular abuses, the abbots and priors being promovit furth of the Court, wha lived court-like, secularly, and voluptuously. And there ceased all religious and godly minds and deeds, wherewith the seculars and temporal men, being slandered with their evil example, fell fra all devotion and godlyness to the works of wickedness, whereof daily mikel evil did increase. » (*History ;* cité par Hill Burton, III, 325).

[2] « La plupart des martyrs et des héros de la Réforme, en Ecosse, appartenaient aux ordres monastiques, au bas clergé. Ils avaient tant souffert de la tyrannie des évêques, corrompus et rapaces, qu'ils rejetèrent résolument des dogmes incompatibles avec la raison humaine. » Mme Edgard Quinet ; *De Paris à Edimbourg ;* Paris, 1898 ; p. 77.

qui vit en nous est plus puissant que le monde. Notre souffrance est courte et légère, notre consolation et notre joie seront éternelles [1] ». Nous n'insisterons pas non plus sur la situation difficile de Jacques V, tiraillé à la fois par son oncle, Henry VIII, et par Rome. Le premier, voulant briser l'alliance presque trois fois séculaire de l'Ecosse avec la France catholique, arme redoutable entre les mains du pape contre l'Angleterre révoltée, usait de toute sa persuasion et de ses armées pour décider Jacques à favoriser la Réforme dans son pays. Le saint-siège, de son côté, exhortait le roi d'Ecosse à se mettre en avant, champion de l'église, contre Henry VIII [2].

Des préoccupations d'ordre politique détournèrent l'Ecosse de la Réforme. « Obligé de choisir entre la ruine de l'église catholique et l'abaissement de la noblesse féodale, Jaques V persista dans ce dernier parti [3] ». L'habile cardinal Beaton obtint toute sa confiance et acquit un pouvoir considérable qu'il devait conserver pendant les premières années de la régence d'Arran. Cet ambitieux fut un politique autoritaire ; il porta à son apogée la tyrannie du catholicisme écossais [4]. Il eut la chance de servir la cause de sa patrie

[1] « More potent is He that is in us, than he that is in the world. The pain that we shall suffer is short, and shall be light ; but our joy and consolation shall never have end. » *The History of the Reformation of Religion within the Realm of Scotland*, written by John Knox ; édition populaire de C. J. Guthrie ; Londres, 1898 ; p. 21.

[2] Le pape représentait Henry VIII comme « one who set at naught the censuries of the Church — an heretic schismatic, a shameful and shameless adulterer, a public and professed homicide murderer, a sacrilegious person, a church-robber, a rebel guilty of lese majesty divine, outrageous, many innumerable ways a felon and a criminal, by all laws herefore justly to be turned out of his throne. » Ce catalogue de grossières injures ne nous est rapporté que par Drummond de Hawthornden, mais, dit Hill Burton, son authenticité s'impose par son caractère vraiment apostolique ! (*History*, III, 160, note).

[3] Mignet, *Histoire de Marie Stuart* ; 2 vol., Paris, 1851 ; t. I, p. 16.

[4] Le cardinal Beaton ne se laissa jamais arrêter par des scrupules religieux ou moraux : il servit bien son église parce qu'elle le servait bien. On l'a accusé d'avoir empoisonné Jacques V, d'avoir forgé un testament de ce roi en sa faveur, d'avoir eu avec la reine une intrigue scandaleuse, etc. ; ce qui est certain c'est qu'il menait une vie princière, extravagante de prodigalité et de libertinage.

Il aimait la bonne chère et le jeu :

en même temps que celle de son église [1] et fut à la fois grand patriote et grand persécuteur. Son église paraissait encore solide ; il ne vit que les premiers signes de l'effondrement et il les combattit par les moyens les plus propres à précipiter la ruine de sa propre cause : il n'hésita pas à supprimer les hommes qui le gênaient [2]. Un édit du parlement ayant autorisé, en 1542, l'usage de la Bible parmi le

For my maist princely prodigality
Among prelates in France I bore the prise.
I schew my lordly liberality
In banqueting, playing at cards and dyce.
Into such wisdom I was holden wise,
And sparit not to play with King or Knight
Three thousand crowns of gold upon a night.

(Sir David Lindsay, *The Tragedy of the cardinal*).

Il affichait aux yeux du monde ses amours avec la belle et noble Marion Ogilvy et mariait publiquement sa fille, Marguerite Beaton, au Maître de Crawford. (Cf. Hill Burton, III, 307 et 309, et Cunningham, I, 191).

[1] Plus que ses principes, les circonstances lui attirèrent les titres que lui donnent les historiens catholiques de « vrai patriote » (M. Bellesheim) et de « champion de l'indépendance écossaise » (M. Donlevy). L'église étant l'alliée du roi, les lords, irrités par les prétentions de Jacques V au pouvoir absolu, prirent parti pour les nouvelles doctrines dont ils se souciaient peu mais qui leur donnait l'appui moral et pécuniaire de l'Angleterre dans leur lutte contre la monarchie. Ils nourissaient aussi le secret espoir de s'enrichir des dépouilles de l'église à l'exemple de la noblesse anglaise. Comme la politique d'Henry VIII ne visait à rien moins qu'à l'annexion de l'Ecosse, il se trouvait que le clergé, en poussant au maintien de la vieille ligue avec la France, représentait les intérêts vitaux de la nation. Les prêtres avaient beau jeu pour dénoncer du haut des chaires l'indignité des nobles qui voulaient vendre patrie, liberté et religion à un roi cruel et impie. A la bataille de Pinkie (1547), des ecclésiastiques, qui s'étaient enrôlés *pro aris et focis*, combattirent sous une bannière portant pour devise : « *Afflictæ sponsæ ne obliviscaris.* »

[2] Nous ne ferons pas l'injure aux idées libérales de le louer, comme le fait M. John Hosack (*Mary Queen of Scots and her accusers;* Edinburgh et Londres ; 2e édition, MDCCCLXX), de n'avoir envoyé au supplice que sept hérétiques seulement ! — Nous devons cependant reconnaître qu'en tenant compte de l'anarchie politique de l'Ecosse et de l'intensité des passions en lutte, le nombre des morts violentes fut relativement modéré. Cunningham compte vingt martyrs réformés (*Church History*, I, 248). L'église, ayant perdu la confiance du peuple et se trouvant très isolée, loin de Rome et de toute puissance catholique, resta presque désarmée en face de l'hérésie. Ses hauts dignitaires avaient peu de convictions et un grand nombre de ses représentants les plus instruits

peuple, [1] et des *preachers* attaquant le clergé avec hardiesse, le cardinal résolut de frapper de terreur les réformés par un exemple signalé de sévérité. Il fit brûler cinq hommes et noyer une femme à Perth, puis, en 1546, il condamna le plus populaire des *preachers*, George Wishart, et assista en personne, du donjon de son château de Saint-Andrews, au supplice du martyr (1er mars).

C'était plus que ne pouvaient souffrir les seigneurs réformés. Depuis quelque temps déjà, ils complotaient, d'accord avec le roi d'Angleterre, d'assassiner Beaton, conspiration surtout politique; la mort de Wishart vint ajouter l'indignation et le désir de vengeance à leurs sombres intentions : le 28 mai, plusieurs nobles s'emparèrent par surprise du château de Saint-Andrews et tuèrent le cardinal dans sa chambre [2]. « Ce crime, que l'on peut comprendre mais que l'on ne peut excuser, ne servit pas la

et les plus zélés avaient opté pour la Réforme. La formule qui prétexta tant de persécutions du XVIe siècle, « une foi, une loi, un roi » ne pouvait avoir de grands effets dans un pays où la monarchie n'avait jamais pu devenir absolue.

[1] « Baith the New Testament and the Auld, in the vulgar tongue, in Inglis or Scottis, of ane good and true translation » (Acte du parlement cité par Hill Burton, III, 337).

[2] « L'esprit indomptable des clans celtiques et des aventuriers du *border* tenait peu de compte des maximes d'obéissance que prêchaient Luther et Calvin » (Henri Martin, *Histoire de France*, VIII, 391).

Knox donne comme unique mobile de l'assassinat de Beaton le cri de vengence que souleva le bûcher de Wishart : « After the death of this Blessed Martyr of God, began the people in plain speaking, to damn and detest the cruelty that was used. Yea, men of great birth, estimation, and honour, at open tables avowed, that the blood of Master George should be revenged, or else it should cost life for life » (*The History of the Reformation*, p. 65). — Nous avons constaté, avec une surprise mélangée de regrets, que M. Donlevy, chanoine de la cathédrale de « Saint-Mary » à Edinburgh, qui a eu la courtoisie de nous donner l'historique qu'il a publié de cet intéressant édifice, dans un récit détaillé du meurtre de Beaton, ne mentionne pas le martyre de Wishart et laisse à l'action des assassins toute l'horreur d'un crime monstrueux froidement prémédité. Devant cette omission du supplice ordonné par le cardinal et qui provoqua chez les réformés une explosion de rage facile à expliquer, devons-nous penser que, malgré ses qualités nombreuses, le clergé catholique de l'Ecosse actuelle aurait hérité lui aussi des traditions de mauvaise foi historique si répandues chez les défenseurs de l'église romaine ? (Cf. *Historical account of St. Mary's Cathedral and its place in the ecclesiastical history of Scotland*; Edinburgh, 1890, pp. 28, 29, 30).

cause de la Réformation[1]. » La majorité du peuple préférait le cruel Beaton, partisan de l'alliance française, aux cruels barons, trop complaisants pour Henry VIII.

Pourtant, le catholicisme perdit de son arrogance après cette tragédie sauvage; des troubles politiques l'empêchèrent de sévir contre l'hérésie, en même temps qu'ils empêchaient celle-ci de gagner du terrain. Henri VIII, voulant forcer les Ecossais à lui livrer leur jeune reine, âgée de 5 ans, pour qu'elle put épouser, après avoir reçu l'éducation à Londres, l'héritier de la couronne d'Angleterre, avait envahi l'Ecosse l'épée au poing en 1545. Ce violent monarque et, après lui, le protecteur Somerset, irritèrent les Ecossais qui, pour échapper à une conquête par les armes anglaises, se jetèrent dans les bras de la France (1547). Marie Stuart fut promise au dauphin et envoyée à la cour d'Henri II, et une armée française vint aider le régent à chasser les Anglais des provinces qu'ils avaient occupées. Marie de Guise, la veuve de Jacques V, ayant remplacé le comte d'Arran à la régence, les espérances des catholiques, fondées sur l'appui de la France, semblèrent devoir se réaliser. En 1550, l'archevêque de Saint-Andrews avait fait brûler Adam Wallace[2]. L'ère des supplices touchait à sa fin.

III. — La vieille Église fait des concessions

Un revirement complet s'effectua dans l'orientation de la politique nationale. En 1550, les haines du peuple étaient toutes pour l'Angleterre et ses sympathies allaient à la vieille alliée des bons et des mauvais jours qui venait de le sauver de ses ennemis héréditaires. Mais les Français, dirigés par des princes catholiques dont le fanatisme devait ensanglanter leur propre patrie, trahirent l'ancienne alliance (*the auld league*) et attaquèrent les libertés du fier

[1] Cours inédit de M. le professeur Doumergue sur *l'Influence sociale du Calvinisme dans les pays de race anglo-saxonne* ; 1898-1899.

[2] « A simple man, without great learning, but one that was zealous in godliness and of an upright life » » (Knox, p. 103).

petit peuple dont ils avaient, depuis presque trois siècles, garanti l'indépendance. Les Guise poussèrent leur sœur à la régence. Celle-ci resta en relations presque journalières avec le duc François et le cardinal de Lorraine[1] qui lui envoyaient leurs instructions. « Elle confia plusieurs des grandes charges du royaume à des Français... Cette administration de l'Ecosse par des étrangers était maladroite et dangereuse. Elle excita la jalousie de la noblesse écossaise qui acceptait volontiers les secours de la France, mais qui ne pouvait pas en tolérer longtemps la domination[2] ». « L'Ecosse ne put se résigner à abdiquer sa nationalité pour devenir une province française.. Les excès et les violences des troupes françaises, non moins que les honteuses rapines des agents français, finirent par soulever la nation entière[3] ».

La France devint donc l'ennemie. L'Angleterre sut profiter de ce nouvel état de choses avec habileté. Elisabeth, qui monta sur le trône en 1558, s'entoura de conseillers expérimentés qui comprirent que la violence ne servirait à rien et qu'ils pourraient détacher l'Ecosse de la France par la seule douceur. L'instinct d'indépendance guida les Ecossais. — Marie de Guise, les évêques, et les fonctionnaires et soldats qui venaient de France, virent la majorité de la nation adopter peu à peu les idées de la Réforme et aller grossir le parti de l'opposition.

Le clergé, inquiet, sentant le sol se dérober, voulut se raccrocher quelque part et parla de faire des concessions — mot étrange et qui jure avec l'implacable uniformité de l'église romaine, chose inutile et impossible comme le prouvèrent les évènements. Le noyé, éperdu, étend les bras, cherche une branche à saisir... le malheureux s'est trop éloigné de la terre ferme, il sombre irrémédiablement.

[1] Cf. *Les Ecossais en France, les Français en Ecosse,* par Francisque-Michel ; 2 vol., Londres, 1862 ; I, 426.

[2] Mignet, *Histoire de Marie Stuart,* I, 37, 38.

[3] A. Teulet, *Papiers d'Etat — pièces ou documents inédits ou peu connus relatifs à l'histoire de l'Ecosse au XVIe siècle.* Paris ; t. I, préface, pp. XII et XIII.

Pour que l'église écossaise ait essayé de donner quelques satisfactions à ceux qui l'attaquaient, lorsqu'elle les vit plus forts qu'elle, il fallait que son passé le lui permit. Un coup d'œil jeté sur l'histoire de cette église montre qu'elle sut, d'abord, repousser le système catholique jusqu'au XIIe siècle, puis, une fois soumise à Rome, conserver une grande indépendance vis à vis du saint-siège[1]. Cela nous

[1] Quoiqu'en disent les historiens catholiques qui voudraient faire coïncider la soumission de l'Ecosse à leur église avec l'apparition du christianisme, les premiers grands missionnaires chrétiens, Ninian (mort vers 430) et Columba (mort en 597), s'ils eurent quelques rapports avec Rome, n'introduisirent nullement les doctrines et la hiérarchie romaines dans le pays barbare des Pictes. Colomba fonda l'institution de l'île d'Iona, sorte de monastère sans règle ni vœux d'où partaient de hardis prédicateurs chargés d'apporter le flambeau de l'Evangile dans les obscures forêts de la Calédonie[1]. Un siècle après la mort de Columba, s'engagea, parmi les chrétiens écossais, une querelle au sujet de la tonsure et de la date de Pâques. Les frères d'Iona ne s'accordaient pas avec l'opinion généralement reçue ; plutôt que de céder, ils se firent expulser de leur province par la roi des Pictes (715 ?) ; à aucun moment de la discussion ils n'avaient voulu reconnaître l'autorité du siège de Rome[2].
Au IXe siècle apparaissent les *Culdéens*[3], ecclésiastiques vivant en communautés, chargés de la célébration du culte et du soin des pauvres et des infirmes. Ils étaient indépendants de Rome dont ils n'avaient adopté ni les doctrines, ni les rites ; ils pratiquaient le mariage, et leurs charges étaient souvent héréditaires[4]. Cette église semble avoir perdu peu à peu de sa première ferveur. La reine Marguerite, aujourd'hui canonisée, conseillée par Lanfranc, archevêque de Canterbury, commença à supplanter par les traditions romaines les coutumes religieuses et les « rites barbares[5] » des Culdéens.
Les deux tyrannies de la féodalité et de la hiérarchie romaine s'abat-

[1] Le signe de la croix, qu'ils pratiquaient, n'est pas une superstition exclusivement romaine.

[2] Cf. Skene *Celtic Scotland : a History of Ancient Albany*, et Mac Lauchlan, *The Early Scottish Church*, pp. 247, 250.

[3] Les historiens attribuent au nom des Culdéens une dizaine d'étymologies différentes, et les dates diverses données pour leur apparition s'échelonnent entre le IIe et le XIIe siècles. Ils nous sont présentés soit comme des moines réguliers ou indépendants, soit comme des hermites ou de pieux laïques, soit comme des ministres du pur évangile, voire comme les ancêtres de la franc-maçonnerie moderne de l'Ecosse (cf. un article de M. Allaria, dans *The Scottish Review*, janvier 1895). Le catholique M. Bellesheim trouve dans les Caldéens tous les caractères des chanoines séculiers, (I, 258) ; l'anglican M. John Dowden, évêque d'Edinburgh, dans son *Celtic Church of Scotland* (Londres, 1894), leur donne un rôle insignifiant et insiste sur l'existence de l'épiscopat qu'il trouve partout dans l'Ecosse primitive ; le presbytérien Duncan Mac Callum (*History of the Culdees, A. D.* 177-1300 ; 1855), qui fait des Culdéens les premiers missionnaires de la Grande-Bretagne et de l'Irlande, leur donne une organisation presque synodale. — Vous êtes orfèvre Monsieur Josse !

[4] M. Bellesheim lui-même fait foi de ces irrégularités (cf. I, 257).

[5] Skene ; Bellesheim, I, 249.

explique son attitude à l'égard des réformés, si différente de celle qu'adoptèrent le concile de Trente et l'ensemble des nations catholiques.

tirent simultanément sur l'Ecosse sous l'influence des Anglo-saxons qui devint prépondérante avec les fils de Marguerite. Grâce surtout au troisième de ces fils, David Ier (1124-1153), la vieille église celtique fut systématiquement remplacée par une hiérarchie épiscopale et des ordres réguliers, importés de toutes pièces en Ecosse, d'Angleterre et de France [1]. Sans doute, l'Ecosse, si digne de son indépendance, avait besoin d'une leçon pour apprendre à mieux en user. La leçon dura 400 années pendant lesquelles elle porta le joug d'une religion étrangère. Elle n'oublia pas ses dix premiers siècles de liberté. De tous les pays qui ont été catholiques, l'Ecosse est celui qui l'a été le moins longtemps et qui a gardé le moins de traces du catholicisme.

La nouvelle église, quel que fut son despotisme, ne put pas détruire complètement l'esprit d'indépendance des Ecossais. Elle eut à soutenir de longues luttes, d'abord contre l'archevêque d'York qui revendiquait la suprématie sur le clergé d'institution récente (1109 à 1188), ensuite contre les prétentions des papes qui eurent besoin de toute leur diplomatie pour obtenir quelque argent de l'Ecosse [2]. La grande querelle des investitures trouva les rois écossais opposés aux scandales de la curie romaine. Jacques II, d'accord avec son clergé, décida que l'investiture aux bénéfices vacants dans un évêché vacant reviendrait à la couronne, et Jacques III interdit de porter les procès devant la cour papale et de solliciter des bénéfices à Rome; il confirma le droit qu'avait le clergé d'élire ses propres dignitaires [3].

L'histoire nous offre un spectacle plus étrange encore. Dans la tourmente qui passa sur l'Ecosse comme un vent d'héroïsme et de folie patriotique, suscitant les Wallace et les Bruce, brisant les chaînes du peuple vaincu, faisant courir sur l'âme des esclaves un tel frisson d'indignation et de grandeur qu'ils se levèrent avec un rugissement et se ruèrent à la gloire, la victoire fut double: les soldats chassèrent l'Anglais, les prêtres triomphèrent du pape. Celui-ci avait affirmé la suzeraineté de l'Angleterre sur l'Ecosse; il excommunia Bruce. Les évêques n'en tinrent pas compte; ils prêchèrent la sainte guerre, proclamèrent Bruce roi d'Ecosse et lui conservèrent sans cesse leur amitié. Vainqueur à Bannockburn, le grand héros national refusa de recevoir deux légats du pape; il fut excommunié pour la seconde fois. En 1328 seulement, le pape envoya son absolution et reconnut la royauté de Bruce et l'indépendance de l'Ecosse [4].

Ne nous étonnons plus si, au jour de la Réformation, ce clergé, qui

[1] Mac Lauchlan, 418.

[2] Le cadastre des propriétés ecclésiastiques fut établi en 1275. Sous le nom de *Bagimont's Roll*, il fut longtemps abhoré en Ecosse comme un signe de sujétion à Rome. Mais, les bénéfices n'ayant cessé de s'arrondir, un jour vint où il fut aussi favorablement jugé qu'il avait été honni. C'est ainsi que le clergé d'Ecosse prit sa revanche sur le pape.

[3] Cf. Cunningham, *Church History*, I, 116, 142, 145, 146.

[4] Cf. Hill Burton, *History*, II, 200 à 300, passim: et Cunningham, *Church History*, I, 121 à 126. Bellesheim déplore cette attitude du clergé écossais (II, 18); aucun noble effort n'est-il légitime chez les sujets du pape?

Ce n'est pas que le catholicisme écossais ait ouvertement offert de renoncer à ses doctrines essentielles ; cela n'eût fait que hâter sa ruine ; mais il eut le bon sens et la franchise de reconnaître, pour une bonne part, la vérité des accusations dont il était l'objet, et, sans chercher son mot d'ordre à Rome, il élabora un plan de rénovation morale, éducatrice et disciplinaire, consentit à l'usage de la langue vulgaire dans tous les actes du culte, et parut disposé à renier ses théories d'intolérance, et jusqu'à l'autorité du pape.

L'inspection des couvents, la discipline monastique, l'instruction du clergé [1], la moralité des évêques, des abbés, des moines et des nonnes, la prédication de l'Ecriture telle que l'interprétaient les grands scolastiques, la célébration régulière et décente du culte, l'illégalité des mariages clandestins, font l'objet de la sollicitude des deux conciles de 1549 et 1552 [2].

On ne se contenta pas de ces réformes, on voulut mettre la religion à la portée du peuple. Une assemblée d'ecclésiastiques, tenue à Edinburgh en 1558, ne fit pas d'objection à la célébration du culte en langue vulgaire, à la condition que la messe, la doctrine du purgatoire et les prières pour les morts fussent conservées [3]. La littérature pieuse, très pauvre, était toute réunie dans le *Bréviaire d'Aberdeen*, imprimé en 1550, sorte de liturgie nationale, recueil des légendes les plus grotesques sur les saints

avait opposé une vigoureuse résistance aux prétentions des prélats anglais et aux accaparements du saint-siège, et qui n'avait pas hésité à violer ses vœux d'obéissance et à braver les bulles du pape lorsqu'un guerrier eût poussé sur les monts le cri de : Liberté ! si un tel clergé, luttant pour la vie, sut faire preuve d'une volonté propre et se montrer prêt à cette chose si peu ultramontaine, des concessions.

[1] Une idée de l'ignorance des prêtres nous est donnée par le Concile de 1552 qui leur ordonne de lire publiquement le catéchisme et leur enjoint « de ne pas monter en chaire sans préparation, mais de répéter fréquemment à l'avance ce qu'ils auront à lire afin que, par leur bégaiement et leur balbutiement, ils ne deviennent pas la risée de leurs auditeurs ».

[2] Cf. Bellesheim, II, 202 à 215.

[3] Cunningham, I, 249, d'après Buchanan, *Rerum Scoticarum*.

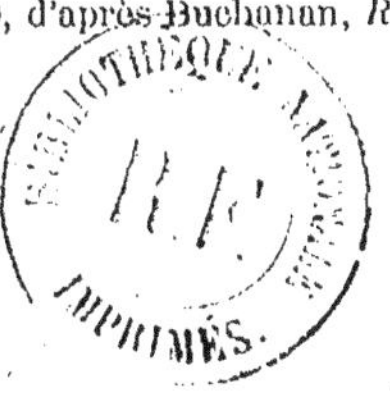

irlandais et écossais des VIIe et VIIIe siècles. L'archevêque Hamilton fit paraître, en 1552, en langue vulgaire, un *Catéchisme* destiné à la fois au peuple et au clergé. « Ce catéchisme, dit Hill Burton, est une belle composition, remplie d'un esprit de charité et de douceur. Il évite avec soin tout ce qui pourrait irriter et éloigner ceux qui ont un reste de la vieille foi ; il exhorte les hommes à la paix et à la concorde[1] ». M. Gladstone a fait remarquer le silence absolu de ce cathéchisme sur l'autorité du pape ; il en déduit que l'église écossaise était disposée à s'en passer. A quoi M. Hunter Blair, moine de Fort-Augustus, et traducteur de l'ouvrage de M. Bellesheim, objecte : « Si le catéchisme n'en parle pas, cela prouve simplement que personne ne songeait à contester cette juridiction du pape, au moins parmi les catholiques[2] » — Soit, mais les réformés ? Au moment où l'autorité temporelle du saint-siège perdait ses adeptes en grand nombre, et où son autorité spirituelle était violemment attaquée, l'occasion était unique de prendre la défense de cet article de foi ! — Mais, peut-être, l'archevêque primat lui-même n'y croyait-il qu'à moitié[3] ?

Les attaques des protestants visant de plus en plus l'immoralité des prêtres, l'abbé Quintin Kennedy publia, en 1558, un *Compendious Tractive* réfutant les idées réformées. Relevons cet argument ; « La foi des chrétiens ne peut raisonnablement être ébranlée, ni leur obéissance diminuée par la vie irrégulière de beaucoup de prêtres ; Christ le prouve lorsqu'il ordonne à ses disciples de faire et d'observer tout ce que disent les pharisiens, mais de ne pas agir selon leurs œuvres[4] ». — Pauvre église ! elle n'a plus la force de crier : crucifie ! et de jeter aux fagots les disciples du pur évangile ; honteuse, elle reconnait son pharisaïsme.

[1] III, 328 à 333.

[2] Bellesheim, II, 218, note 1.

[3] Les idées avaient marché depuis le jour où le parlement défendait, sous peine de confiscation et de mort, de contester en rien l'autorité du pape (1541). Cf. Mignet, *Marie Stuart*, I, 65.

[4] Evangile selon Matthieu XXIII, 3 ; cf. Bellesheim, II, 257.

Pourtant, dans une dernière convulsion, elle avait eu la démence d'arracher à la régente des menaces de mort contre quiconque mangerait de la viande en carême, elle avait brûlé en effigie son grand adversaire, John Knox, elle avait même dressé le bûcher d'un infortuné vieillard de 82 ans, Walter Myln, le dernier des martyrs (1558)[1]. Tout cela ne servit qu'à enflammer la fureur du peuple. Les barons se révoltèrent et, sous le nom de *the Congregation of Christ Jesus*, déclarèrent la guerre aux papistes, *the generation of Antichrist, the pestilent prelates and their shavelings within Scotland.*

Au milieu de la tourmente, la voix du clergé s'éleva une dernière fois, criant bien haut le mot de réformes. Les statuts des conciles précédents reçurent de nouvelles sanctions ; le cumul des bénéfices, la paresse des prêtres, la négligence de la messe et de la prédication, les abus des droits mortuaires et les sacrements hérétiques furent énergiquement condamnés ; on envoya à l'école les prêtres au-dessus de 50 ans qui n'étaient pas capables de prêcher ; enfin, tous les ecclésiastiques, y compris les archevêques, évêques et autres prélats, furent mis en demeure de quitter leurs concubines ; le patrimoine de l'église ne devait plus servir pour doter leurs filles et établir leurs fils[2]. Cette voix du concile de 1559 se perdit dans le tumulte. Les « *sharp statutes* », de cette assemblée, ainsi que les appella l'évêque Leslie, eurent un effet bien inattendu. Un grand nombre de jeunes abbés, prieurs et bénificiaires, effrayés de tant de rigueur, préférèrent leur femme et leurs enfants à l'église caduque qui leur interdisait les droits les plus légitimes de l'homme ; ils se joignirent aux réformés et se marièrent[3]. On a vu des options plus étranges. — Une dernière publication des catholiques, condamnant les adultères commis par les prêtres et exposant le dogme de la présence réelle, souleva un éclat de rire parmi le peuple qui l'appela avec sarcasme :

[1] Knox, 233, note 1 ; et 155.
[2] Cf. Bellesheim, II, 244 à 250.
[3] Cf. Hill Burton, III, 336 ; et Cunningham, I, 254.

« *The twapenny Faith*[1] ». L'Ecosse voulait plus et mieux que des réformes ; elle voulait la Réforme.

Ainsi tout tournait contre Rome. Marie de Guise étant morte et la Congrégation, aidée de l'Angleterre, ayant expulsé les troupes françaises après les avoir assiégées dans Leith, le parlement, réuni à Edinburgh, vota, le 17 août 1560, les 25 articles de la Confession de foi de Knox, et, le 24, porta le dernier coup au catholicisme en rejetant le culte des saints et la juridiction du pape, et en interdisant la messe.

IV. — John Knox

Il nous était indispensable de jeter un coup d'œil sur le catholicisme écossais avant 1560 pour comprendre ce qu'il fut, dans la suite et surtout pour nous expliquer l'attitude que les réformés d'Ecosse adoptèrent à l'égard du papisme tel qu'ils l'avaient vu à l'œuvre. Ils sont accusés d'avoir été des révoltés et des persécuteurs. Que devons-nous en penser ?

L'heure de la Réformation écossaise était celle où s'engageait, dans le monde moderne, entre la théocratie des jésuites et l'individualisme protestant, le dramatique duel qui dure encore. Rome va continuer sa route, s'enfonçant de plus en plus, guidée par les fils de Loyola, dans un système qui n'est pas autre chose que « l'étouffement du raisonnement et de la réflexion au profit de l'imagination et du sentiment lancés dans une carrière invariablement déterminée[2] ». En face de cette église qui déclare ouvertement la

[1] Cf. Knox, 138; et Hill Burton, III, 334.

[2] Loyola, qui organisa la Compagnie de Jésus en 1540, « se sentait la réaction incarnée contre le protestantisme, contre la révolte, contre la discussion, contre l'examen. Il résume tout dans un mot, l'*Obéissance* ». Il disait : « Je dois me laisser manier comme la cire molle, qui obéit à la main qui lui donne forme. — Je dois faire de moi comme un corps mort, qui n'a ni volonté ni sentiment, comme un automate (quamdam statuam), qui tourne où l'on veut le faire tourner, comme un bâton dans la main d'un vieillard qui s'en sert à son vouloir. » Il en arrive à la transformation de la religion en un paganisme sensuel, à la réduction de la piété en une sensibilité nerveuse, à la suppression de la respon-

guerre au libre arbitre, vient de se dresser la moitié des peuples chrétiens dans une protestation indignée contre l'asservissement des consciences et l'interprétation erronée de l'Evangile. Les réformateurs rendent sa place à la raison et répandent à flots l'instruction, persuadés que la lumière amènera les hommes à la liberté. Ils opposent au clergé romain des églises d'une foi ardente et d'une moralité sévère. Knox se rattache à la forme la plus austère et la plus conquérante du protestantisme, au calvinisme qui devient la « religion des insurgés [1] », des Huguenots de France, des Gueux des Pays-Bas, des Puritains et des Indépendants d'Angleterre, des Presbytériens d'Ecosse.

Lorsque, aux premiers siècles, le christianisme triompha du paganisme, le paganisme prit sa revanche en revivant dans le christianisme, et ainsi naquit le catholicisme romain ; lorsque celui-ci, à son tour, vit quelques-unes de ses plus belles provinces lui échapper, il y laissa assez de vestiges pour empêcher la Réforme d'être complète. Mais, tandis que, dans le catholicisme, la part du paganisme n'a jamais cessé de s'accroître, en même temps que s'y fortifiaient l'absolutisme et le cléricalisme ; dans le protestantisme, qui contenait en germe toutes les libertés, les entraves dogmatiques et ecclésiastiques disparaissent de plus en plus devant l'essor de la personnalité humaine et l'union spirituelle des croyants.

Le calvinisme, sous la forme presbytérienne, triomphe du génie de Calvin et modèle de toutes les constitutions répu-

sabilité personnelle, à l'affaiblissement du caractère, de la volonté, de la moralité, à la mise en pratique éhontée de la maxime : « La fin justifie les moyens. » Et Henri Martin ajoute : « Le jésuitisme sera bien pire que Loyola. » — « Il faudra, dit aussi le grand historien, il faudra que l'esprit intime du christianisme soit bien fort pour garder encore quelque chose de lui-même et pour produire encore des fruits de charité et de piété parmi cette marée montante de superstitions, qui, vingt fois refoulée, revient et reviendra toujours, tant que ses flots ne rencontreront pas une barrière infranchissable, c'est-à-dire tant qu'une éducation virilement religieuse n'aura pas régénéré les peuples que la tradition de Loyola retient ou replonge dans une éternelle enfance. » (Cf. Henri Martin, VIII, 203 à 205, 314 à 320.)

[1] Mignet, *Etudes historiques : établissement de la Réforme à Genève*, etc. ; 4e édit., Paris, 1877 ; p. 348.

blicaines, ne put du premier coup se dégager de graves erreurs. L'idée catholique d'église s'y retrouve trop souvent. Calvin veut une démocratie, mais dans un Etat soumis à l'église ; il veut l'obéissance aux princes, mais les princes doivent être « sujets à la discipline de l'église » ; il veut des hommes libres, mais il les fait prédestinés par Dieu et les expose à l'excommunication [1] et même à la persécution [2], mais son disciple, Théodore de Bèze pourra écrire : « *Libertas conscientiis diabolicum dogma* ». Il érige une orthodoxie protestante en face de l'orthodoxie catholique ; il ramène la Réforme à la maxime : « Hors de l'église point de salut [3] ».

Rendons cette justice aux calvinistes que, s'ils ne formulèrent pas une théorie de la persécution, ils ne se montrèrent jamais non plus persécuteurs systématiques. La seule exception nous la trouvons peut-être en Ecosse L'église de Knox devait être une église de luttes ; il était dificile qu'elle le fût sans étroitesse. Knox était de son temps. Où aurait-il appris la tolérance dont il ignorait les premiers principes ? serait-ce dans l'église qui l'avait élevé et qui ne taisait jamais sa volonté de supprimer toute divergence d'opinions religieuses par le feu et l'épée ? — N'était-ce pas cette église qui lui avait appris à approuver le supplice des sorcières [4] ?

Knox fut à la fois prédicateur et homme politique ; il défendit avec une égale énergie ses convictions religieuses et ses théories républicaines ; il se jeta dans la mêlée et devint à lui seul le boulevard imprenable de toutes les libertés de

[1] Calvin a fondé sa discipline sur l'excommunication ; il se pose en champion du droit d'excommunication dans l'église. Cf. cours inédit de M. le professeur Doumergue sur le *premier séjour de Calvin à Genève* ; 1895.

[2] « Le principe de persécution n'est pas formellement relevé dans l'*Institution chrétienne*, quoiqu'on puisse le faire sortir de cet axiome : *Que les magistrats sont tenus de vaquer à maintenir rigoureusement la loi de Dieu* ; mais, s'il n'est pas en propres termes dans le livre, il y transpire par tous les pores : il est essentiellement en rapport avec le caractère terrible que Calvin rend à la religion, et l'autorité est ici d'accord avec la logique. » Henri Martin, VIII, 196.

[3] Cf. Henri Martin, VIII, 191 et 198, note 2.

[4] Cf. Knox, 336 ; et James Anthony Froude, *The influence of the Reformation on the Scottish Character*.

l'Ecosse. Sa voix tonnante réveilla le peuple et fit sortir de terre les communes. La Réforme devint une affaire nationale, une question de vie ou de mort, et, les princes s'étant ligués avec Rome, l'effort porta contre eux aussi et fit sombrer leur absolutisme. La Réformation n'était possible que si la liberté politique était enveloppée dans l'église de Knox, et c'est ainsi que l'homme qui vint purifier les mœurs, fonder des écoles [1] et prêcher l'Evangile d'amour, fut un révolutionnaire et un homme de l'Ancien Testament autant que du Nouveau ; c'est ainsi que son église ne fut pas seulement une association de croyants pour l'édification, l'instruction, et la défense de leurs intérêts communs, mais aussi *the kirk*, cherchant avant tout à chasser les vendeurs du temple, dénonçant l'*Antichrist* romain et la fourberie des papistes, et entretenant le fanatisme du peuple ; c'est ainsi que le parlement qui établit la Réforme fit du catholicisme un crime et proscrivit la messe sous les peines progressives, pour la première infraction, de la confiscation des biens, pour la seconde, de l'exil, pour la troisième, de la mort [2].

En combattant le papisme, non seulement au nom de la liberté individuelle et politique, mais au nom d'une église

[1] L'instruction obligatoire, qui fut établie en Ecosse en 1872, avait été réclamée en 1561 par Knox, dans le *Livre de discipline*.

[2] Nous ne pouvons nous défendre de rapprocher le farouche John Knox de la tolérante reine du Béarn, Jeanne d'Albret. Celle-ci refusa d'abord de proscrire le culte romain et permit aux catholiques de célébrer leur culte dans les églises où prêchaient les pasteurs. « C'est ainsi que, sans secousse, sans violence, s'accomplissait, suivant le vœu de la majorité du pays, l'œuvre de la réformation religieuse que Jeanne favorisait de tout son pouvoir, tout en respectant les catholiques sincères » [1]. L'Ecosse n'aurait pas pu éviter secousses et violences, puisqu'elle devait abattre le despotisme de ses princes ; mais comment ne pas regretter que ses *preachers* n'aient pas donné l'exemple de la tolérance religieuse ? — Il est vrai que Jeanne d'Albret devançait son époque et qu'elle ne faisait pas mourir les sorcières [2] ; il est vrai aussi que les catholiques par leurs intrigues et leurs trahisons empêchèrent l'application durable en Béarn de cette largeur ecclésiastique et que l'Ecosse

[1] Alfred Cadier, *Osse, histoire de l'église réformée de la vallée d'Aspe*; Paris et Pau, 1892 ; p. 140.

[2] Cf. id. p. 169.

qui semblait aux réformateurs dépositaire de toutes les vérités divines, c'est-à-dire avec des principes catholiques et comme un justicier appliquant la loi du talion, Knox commit une double faute : il donna aux catholiques la couronne du martyre et se rendit antipathique à beaucoup d'esprits indépendants. Ainsi s'explique le fait étrange que le créateur de l'Ecosse moderne n'a pas de monument sur les places publiques de son pays [1]. On fait expier à la mémoire de Knox les erreurs de sa vie. Mais l'Ecosse tout entière, avec ses libertés et son libéralisme, avec son activité et sa richesse, dans le noble épanouissement de ses forces morales, intellectuelles et religieuses, voilà son monument [2].

eut à reprimer d'incessantes menées jésuitiques contre ses libertés. Pourquoi faut-il que Rome, non seulement persécute, lorsqu'elle est la plus forte, mais encore rende difficile la tolérance à son égard, lorsqu'elle est en minorité?

[1] La seule statue de Knox que nous ayons vue se trouve dans la cour intérieure du New College à Edinburgh. Il a un autre monument dans la Nécropole de Glasgow.

[2] « Dans chaque sillon où la parole du réformateur avait semé le bon grain s'est levée une moisson d'idées régénératrices ». Mme Edgar Quinet, *de Paris à Edimbourg*, p. 76.

DEUXIÈME PÉRIODE

Deux siècles d'obscurité

I. — Conspirations

Si Knox a eu le tort de confondre parfois religion et politique, ce reproche doit s'adresser avec bien plus de raison au catholicisme. L'étude des 200 années qui suivirent la Réformation écossaise nous montrera que les partisans de Rome semblent avoir recherché la persécution dont ils font un crime au protestantisme. Leur histoire pendant cette époque n'est qu'une série de conspirations sourdes ou éclatantes contre l'Etat et la religion nationale.

1°. — *Les Guise et Marie Stuart*

Avant même que la Réformation ait été un fait accompli, nous avons vu les Guise trahir l'amitié de la vieille alliée de la France Non seulement ils firent nommer leur sœur à la régence et l'entourèrent d'administrateurs, de conseillers et de soldats français ; non seulement ils travaillèrent à défendre le catholicisme écossais[1], indisposant ainsi nobles et réformés ; mais ils visèrent à une incorporation complète de l'Ecosse à la France. Tout, d'abord, parut concourir au succès de leurs plans. Leur nièce épousa le Dauphin en 1558 et fut reine des deux royaumes dès l'année suivante. La garde écossaise de nos rois jouissait des privilèges les plus étendus[2] ; des droits de complète naturali-

[1] Cf. Francisque Michel, *Les Ecossais en France*, I, 475.

[2] Cf. Teulet, *Papiers d'Etat*, préface, § XXX.

sation furent échangés entre les deux pays ; les armes d'Ecosse et de France furent blasonnées ensemble [1]; et, bien que les commissaires écossais, assistant au mariage, aient d'abord refusé de la lui concéder [2], le Dauphin obtint du parlement la couronne matrimoniale. Cela ne suffisait pas à l'ambition des Guise : ils avaient eu la fourberie de faire signer à Marie Stuart un acte secret de donation pure et simple de l'Ecosse au roi de France, et un second acte annulant d'avance tous les engagements qu'elle prendrait dans la suite et qui seraient contraires à sa volonté de *lier, joindre, annexer et unir le royaume d'Ecosse à la couronne de France.* C'est ainsi que Marie Stuart « débutait dans la vie et dans la royauté, par un acte de faiblesse et de trahison... elle ne se souvint que trop tôt de cette détestable leçon [3] ». François II fut l'ennemi juré des réformés d'Ecosse contre lesquels il voulait user de la plus grande rigueur [4]. — Mais les évènements tournèrent contre les Guise. Les capitaines français établis en Ecosse parlaient déjà de partager le pays entre eux [5], lorsque les seigneurs de la Congrégation se rebellèrent, prirent Edinburgh et déposèrent la régente (octobre 1559). Les troupes françaises chassèrent les nobles de la capitale, mais, ceux-ci ayant traité avec Elisabeth à Berwick, et la conjuration d'Amboise empêchant la cour de France d'envoyer des renforts, les soldats de la régente ne purent tenir longtemps devant les forces unies des Ecossais et des Anglais et la mort de Marie de Guise les obligea à capituler. Le traité d'Edinburgh stipula le renvoi immédiat des soldats français (6 juillet 1560). Le dernier coup fut porté aux projets des Guise par la mort de François II (15 décembre).

[1] Cf. Fr. Michel, I, 520, 521.

[2] Au retour, quatre d'entre eux moururent mystérieusement à Dieppe; « et l'on en vint à soupçonner que le duc de Guise et ses frères avaient pu vouloir se débarrasser par le poison d'une influence qu'ils savaient leur être contraire. » Fr. Michel, I, 525. Cf. Knox, 126.

[3] Mignet, *Marie Stuart*, I, 52, 53. Cf. aussi Fr. Michel, I, 524.

[4] Cf. une lettre de l'ambassadeur anglais Throckmorton au ministre Cecil, citée par Hill Burton, *The Scot Abroad;* Edinburgh et Londres, 1898: p. 140, note.

[5] Cf. Knox, 186.

Les Guise assimilaient la révolte contre l'église à la révolte contre l'Etat. Il faut avouer que cette confusion se justifiait en partie par la conception qu'ils avaient du pouvoir royal : ils le voulaient absolu et tyrannique, enlevant toute indépendance aux sujets. Le protestantisme, affirmant la dignité de l'individu, ne créait pas des esclaves. Marie Stuart, nourrie à l'école de ses oncles, ne pouvait comprendre la Réformation que comme une rebellion politique; de là, autant que de ses passions, vinrent ses malheurs ; de là naquit cette situation fausse où elle se trouva vis à vis des réformés qui fit qu'elle paraît avoir vécu dans sa capitale plutôt en exilée qu'en reine. Cette princesse réunit les meilleures conditions pour passionner ses contemporains et les historiens. Elle eut et elle a des admirateurs qui, s'étant laissé captiver par sa grâce et sa sensibilité, n'ont pas trouvé assez de reproches pour les protestants d'Ecosse, surtout pour l'intrépide John Knox, le sauveur de son peuple. Knox n'était pas un courtisan, mais, avant de lui en faire un crime, l'histoire ne devrait pas oublier que Marie Stuart, sous une apparente douceur et avec moins de franchise que Knox, se montra plus cruelle que lui et que, si elle eût fait triompher ses principes de tyrannie, c'en était fait de la Réformation écossaise. Le rude réformateur portait en lui toutes les libertés de l'Ecosse. « Il nous est bien permis, au XIXe siècle, dit Renan, d'être pour Marie Stuart contre Knox ; mais au XVIe siècle, le protestantisme fanatique servait mieux la cause du progrès que le catholicisme, même relâché [1] ».

Marie veut faire de l'Ecosse une province française — Knox veut la liberté politique de la nation [2]. Marie sourit aux réformés et, en même temps, signe la ligue conclue entre les princes catholiques contre la cause protestante et écrit au pape pour lui offrir ses dévouées obéissances, lui demander ses secours spirituels et temporels et lui déclarer qu'elle est prête à sacrifier sa vie pour le rétablis-

[1] *Histoire du peuple d'Israël ;* Paris, 1891 ; III, 155.

[2] « The liberty of this our native country to remain free from the bondage and tyranny of strangers. » Knox, 146.

sement du catholicisme en Ecosse[1]. — Knox sonne l'alarme ; il dit à ses amis qui se laissent gagner par les gracieusetés de la reine : « Elle a prêté serment à l'Antichrist romain » ; il dit à Marie Stuart cette fière parole : « Madame, ce n'est pas des princes terrestres, mais du Dieu éternel seul, que découlent la puissance et l'autorité de la vraie religion ; les sujets ne sont donc pas tenus à modeler leur foi sur les appétits de leurs princes[2] ».

De sa chaire de Saint-Giles, John Knox attaque avec véhémence la messe célébrée pour la reine à Holyrood ; les danses par lesquelles la cour fête les victoires des Guise sur les Huguenots[3] ; le projet de mariage de Marie Stuart avec don Carlos d'Espagne, prince épileptique, imbécile et très catholique ; l'incapacité de Darnley, le second époux de Marie ; les complots ourdis par l'Italien David Rizzio, favori de la princesse, de concert avec le pape et l'Espagne, en vue d'une restauration catholique ; le mariage de Marie avec son amant Bothwell, meurtrier de Darnley[4]. Knox approuve l'assassinat de Rizzio, comme il avait

[1] Cf. Mignet, I, 223 et 224. « Au fond du cœur, la reine regardait le triomphe de la religion réformée comme un arrangement temporaire auquel elle était forcée momentanément de se soumettre, mais qu'elle n'attendait que l'occasion de changer en défaite, en rendant le dessus au parti catholique, qu'en sa qualité de Guise, elle ne pouvait, sans une douleur profonde, voir opprimer sous ses yeux » (Alexandre Dumas père, *Les Stuart;* Bruxelles, 1840 ; I, 114). — Elle écrivait à Pie IV : « Nous estudierons de plus en plus pour l'accroissement et union de nostre mère la saincte Eglise, et y ferons obéyr tous nos sugectz, si Dieu par sa grâce veut réduyre et anéantire les hérésies (come j'espère). » [Labanoff, *Lettres de Marie Stuart,* t. VII, pp. 6 et 7].

[2] « Madam, as right religion took neither original strength nor authority from wordly princes, but from the Eternal God alone, so are not subjects bound to frame their religion according to the appetites of their princes » (Knox, 265, 266, 277).

[3] Les danses de Holyrood étaient souvent indécentes ; la reine et ses dames y parurent un jour habillées en hommes. Cf. Knox, 304, note.

[4] Deux mois après la mort de Darnley, elle disait, en parlant de Bothwell, « qu'elle se soucierait peu de perdre la France, l'Angleterre et son propre royaume par amour pour lui, et, qu'avant de se séparer de lui, elle le suivrait en cotillon blanc jusqu'au bout du monde. » (Lettre du fidèle partisan de Marie, Kirkaldy of Grange, à lord Bedford, 20 avril 1667, citée dans Knox, 293, note). La reine semble avoir ignoré complètement le sentiment patriotique ; elle ne servait que Rome, les Guise et ses propres caprices. Elle avait grand besoin d'être tenue en tutelle.

approuvé celui de Beaton. Lorsque la reine l'accuse de haute trahison pour avoir voulu soulever le peuple contre la messe, le conseil privé de la couronne acquitte à l'unanimité le terrible tribun. La position faite à Marie Stuart était intenable. Si Knox, par son rigorisme et son intolérance, contribua aux souffrances de la malheureuse reine et ne fit que la pousser vers les fautes et les crimes où l'entraînaient déjà des passions indomptables et une éducation sans moralité, par sa fermeté, il sauva sa patrie du despotisme monarchique, de la domination étrangère et de la tyrannie de Rome. La tragédie dont les deux grands acteurs sont Marie Stuart et John Knox est la lutte du moyen âge contre les temps modernes [1].

La coupable mais touchante [2] victime de ce duel, vaincue et détrônée par ses propres sujets, alla inconsidérément chercher un asile dans le royaume d'Elisabeth dont elle s'était posée comme la rivale [3]. Son ennemie la retint en captivité. Pendant dix-huit ans, traînant son infortune et sa fierté de prison en prison, « elle devint l'instrument et le prétexte de toutes les conspirations ourdies par l'Espagne et par la France pour rétablir le catholicisme en Ecosse et en Angleterre. L'or de Philippe II soudoyait le parti qui voulait délivrer Marie Stuart et la remettre sur le trône. Elle-même ne cessa pas un jour de travailler à sa délivrance [4] ». La vie d'Elisabeth et la nationalité même de l'Angleterre furent souvent menacées par les jésuites qui tramaient ces complots. Toutes ces machinations, habilement étouffées, ne servirent qu'à faire monter l'infortunée Marie Stuart sur l'échafaud (1587). Elle emporta avec elle

[1] Cf. Cours inédit de M. le professeur Doumergue sur *l'influence sociale du Calvinisme dans les pays de race anglo-saxonne;* 1898-1899.

[2] Touchante parce qu'elle était plutôt femme d'instinct, asservie par ses passions et ses préjugés, que femme de jugement, maîtresse de sa raison.

[3] Les Guise avaient contesté la légitimité de la naissance d'Elisabeth et avaient ajouté les armes de l'Angleterre au double blason de Marie Stuart (1558). Ils rêvaient de réduire l'Angleterre au joug de Rome et d'établir la domination catholique et absolue de leur nièce sur les rives de la Seine, du Forth et de la Tamise.

[4] Mme Edgard Quinet, *De Paris à Edimbourg*, 56.

« les espérances du pouvoir absolu et du catholicisme[1] ».

Les catholiques appellent sa mort un martyre[2]. Si des raisons politiques décidèrent seules de son procès, il n'en est pas moins vrai qu'Elisabeth fit subir à sa cousine un traitement indigne et que Marie n'aurait eu qu'à renier ses traditions politiques et ses convictions religieuses pour échapper à ses infortunes. Malgré sa duplicité, elle avait une sorte de franchise qui ne manque pas de grandeur. La rapprochant d'Henri IV, de l'électeur de Saxe, Frédéric Auguste Ier, et de Bernadotte de Suède, nous dirons avec Matter : « Marie Stuart n'était qu'une femme frivole, mais aucun sophisme ne l'eût jamais fait mentir à sa conscience, et c'est en cela qu'elle s'est placée bien au-dessus des princes qui ont su si habilement acquérir des couronnes et renier leurs convictions[3] ».

2°. — *De l'Armada à « prince Charlie »*

Marie Stuart avait déclaré la guerre au protestantisme ; désormais les réformés considérèrent les catholiques comme des ennemis dangereux. Ceux-ci ne déposèrent pas un instant les armes.

Les statuts de 1560 avaient été ratifiés en 1567, à l'avènement de Moray à la régence, et l'église réformée fut la seule église autorisée dans le royaume. Le parti catholique était le parti de Marie Stuart, participant à toutes les cons-

1 Mignet, II, 456. Pour M. Bellesheim, Marie était dans son droit lorsqu'elle s'associait aux tentatives faites pour assassiner Elisabeth : « could the prisoner secure his liberty only by the death of his captor, no one could deny his right to seek it by that means » (III, 274). N'est-il pas affligeant de voir un historien moderne soutenir les idées qui ont fait les Ravaillac ? Le chanoine d'Aix-la-Chapelle serait-il un de ces catholiques jésuites qu'Henri IV appelait « des faiseurs de tueurs de rois » ? — John Knox, captif sur les galères de France, à la suite du meurtre de Beaton, défendait à ses amis de tuer leurs gardiens pour s'enfuir : « to shed any man's blood for their freedom, thereto would he never consent ». (Knox, 96).

2 Cf. Bellesheim, III, 307 et Donlevy, *St Mary's Cathedral*, 46.

3 M. J. Matter, *Histoire du Christianisme et de la Société chrétienne*; 2e édit., Paris; t. IV, p. 189.

pirations contre Elisabeth et la Réforme et aux habiles menées des Guise pour s'emparer du jeune roi Jacques VI [1] De sévères mesures furent prises contre les papistes [2].

Après la destruction de l'*Invincible Armada*, « le plus formidable armement qui eût jamais effrayé la chrétienté [3] » et que Philippe II avait envoyée pour venger Marie Stuart et conquérir l'Angleterre (1588), les sentiments des Ecossais pour les catholiques parurent s'adoucir. Les adeptes de Rome vinrent bientôt rappeler qu'ils étaient un danger public et que la contrainte seule pouvait les empêcher de s'attaquer aux constitutions indépendantes de leurs lois. En 1593, les nobles catholiques conspirèrent pour favoriser une expédition espagnole en Ecosse; en 1594, ils se révoltèrent et remportèrent la victoire de Glenlivat : le complot fut découvert et la rébellion étouffée [4]. Enfin, en 1604, un an après que Jacques VI eût remplacé Elisabeth sur le trône d'Angleterre, quelques catholiques de distinction s'engagèrent sur l'Eucharistie à venger leur foi et projetèrent de faire sauter, à Londres, la grande salle du parlement, le jour de l'ouverture des Chambres. Découverte, la *conspiration des poudres* « conduisit au supplice les chefs du complot et donna au peuple anglais ce degré d'exaspération qui fit du fanatisme un sentiment national et un moyen de popularité [5]. »

[1] Ceux-ci réussirent un moment; « leur affidé d'Aubigné, d'une branche des Stuart établie en France, capta l'affection du jeune roi et fit périr l'ex-régent Morton, chef du parti hostile à Marie Stuart. Mais le protestantisme était trop fort en Ecosse : d'Aubigné fut écrasé dès qu'on s'aperçut qu'il voulait restaurer le *papisme*, et Jacques VI resta protestant ». Henri Martin, IX, 526, note 3. Cf. Mignet, II, 226 à 247.

[2] « L'horreur jetée dans tous les pays protestants par le massacre de la St-Barthélemy et par les boucheries du duc d'Albe dans les Pays-Bas, l'effroi entretenu par les préparatifs de l'Espagne pour envahir la Grande Bretagne, par la puissance connue du parti *papiste* en Angleterre et en Ecosse, et par les machinations de ce nouvel ordre qui, portant le nom béni de Celui qui fut sans péché, déployait déjà, dans l'Europe entière, une fourberie infiniment variée, conduisirent le parlement à ajouter de nouvelles sévérités au code pénal ». Cunningham, *Church History*, I, 408.

[3] Michelet, *Précis de l'histoire moderne;* 5e édit., Paris, 1835; p. 158.

[4] Cf. Bellesheim, III, 319, 341.

[5] Matter, *Histoire du Christianisme*, IV, 288. Cf. Henri Martin, X, 543.

Jacques Ier et, après lui, son fils, Charles Ier, par leur absolutisme politique et ecclésiastique, indisposèrent l'Angleterre et l'Ecosse et amenèrent la révolution de Cromwell. Les catholiques se signalèrent, une fois de plus, par un acte horrible de barbarie. « Ils essayèrent, en un jour, de massacrer tous les protestants d'Irlande [1] » et firent 40.000 victimes [2] (1641). Charles fut faussement accusé d'avoir trempé dans cette extermination. — Les Ecossais eurent d'autres motifs pour faire cause commune avec Cromwell : le roi désirant l'uniformité religieuse, avait voulu, de concert avec Laud, archevêque de Canterbury, abolir le presbytérianisme en faveur de l'épiscopat. Les Ecossais se révoltèrent contre des rites qui leur rappelaient le papisme [3] et qu'on voulait leur imposer par la force ; ils signèrent en foule le *Covenant national*, faisant ce qu'on a appelé une seconde Réformation [4] (1637) ; et donnèrent la main au *long parlement* qui prit les armes contre le Roi (1641). On sait comment finit la guerre civile : Laud fut exécuté en 1645 et Charles en 1647. Henri Martin appelle ce prince « le martyr de l'épiscopat [5]. »

Son fils ne sut pas profiter de cet effrayant exemple. Appelé sur le trône en 1660, il se mit à comploter contre son peuple, en faveur, non seulement du ritualisme, mais aussi du papisme. Il avait été élevé par sa mère, Henriette-Marie

[1] Alexander Fraser Tytler, lord Woodhouselee, *Elements of Modern History*; 2e édit., Edinburgh, 1850 ; p. 112.

[2] Cf. Henri Martin, XII, 187, 188 et Matter, IV, 289.

[3] « Tandis que le gouvernement s'armait de rigueur à l'égard des pasteurs opposés au culte anglican, les pompes de la religion catholique rentraient en hâte dans les églises. Elles étaient consacrées avec appareil ; de riches tableaux en ornaient les murs ; la table de communion y prenait le nom et la forme d'un autel. On publiait en outre des livres dans le but de prouver que la doctrine des évêques anglais pouvait s'accorder fort bien avec celle de Rome, et ces livres dédiés au roi ou à Laud, étaient tolérés ouvertement. Aussi le peuple et les gens de cour croyaient-ils au triomphe prochain du catholicisme ». M. Todière, *Charles Ier et Olivier Cromwell;* 6e édit., Tours, 1874 ; pp. 34 et 35.

[4] Cours inédit de M. le professeur Orr sur *The History of the Church of Scotland*; United Presbyterian Hall, Edinburgh, 1897-1898.

[5] XIII, 349.

de France, fille d'Henri IV. Cette princesse avait déjà compromis son royal époux par l'excès de son zèle catholique [1]; l'éducation qu'elle donna à ses fils eut des suites bien fatales pour les Stuart. Charles II, « prince frivole et inconstant [2] », restait en relations étroites avec le pape et désirait entrer dans l'église romaine, vœu dont il fit part à Louis XIV. Ce roi très-catholique l'y encouragea et prit vis-à-vis de l'Angleterre un ton de patronage qui ne pouvait qu'irriter le peuple contre les papistes. Le roi de France envoie un astrologue comme agent diplomatique auprès du superstitieux Charles II [3]; il lui achète Dunkerque et Mardick à la grande indignation des Anglais; il lui promet de l'argent pour ses fêtes et ses maîtresses. « La jeune et séduisante duchesse d'Orléans, belle-sœur de Louis XIV, sœur de Charles II, négocia dans un voyage triomphal la honte de son frère [4]. » Charles avait vendu la politique intérieure de son pays à un monarque étranger avec lequel il conspirait l'asservissement politique et religieux de l'Angleterre et de l'Ecosse [5]. Ainsi apparaît d'une manière éclatante la fausseté du principe qui fait du chef de l'Etat le chef de la religion nationale.

La bonne entente de Charles avec son frère, le duc d'York, un dévot libertin qui affichait son attachement à Rome, et la faveur nouvelle dont jouissaient les catholiques, amenèrent une réaction violente dans le parlement. Les presbytériens s'unirent aux épiscopaux pour forcer le roi à révoquer l'édit de tolérance qu'il avait promulgué en prenant le pouvoir et à rétablir l'inique *serment du test* qui fermait tout emploi civil et militaire à quiconque ne reconnaîtrait pas le roi comme chef de l'église (1673). L'épiscopat triompha en Ecosse. Quant au duc d'York, il résigna ses hautes charges et prit pour femme une catholique italienne, Marie-Béatrix d'Este, princesse de Modène. Louis XIV, au-

[1] Cf. Henri Martin, XI, 259 et Todière, 9 et 10.
[2] Bellesheim IV, 91.
[3] Henri Martin, XIII, 349.
[4] Michelet, *Précis*, 247.
[5] Henri Martin, XIII, 352.

teur de ce mariage, avait doté l'épousée; « c'était afficher dans les affaires britanniques une intervention que les Anglais n'avaient pu jusqu'alors que soupçonner [1]. » Le peuple fut exaspéré par ces combinaisons des forces du catholicisme dirigées contre la Grande-Bretagne; les communes réclamèrent la cassation du mariage et protestèrent solennellement contre l'alliance avec Louis XIV. Charles II, entraîné par l'opinion publique, donna sa nièce Marie au prince d'Orange. — Sur ces entrefaites, la mystification de Titus Oates qui dénonça une conspiration imaginaire dont le but aurait été d'assassiner le roi, d'incendier Londres, de massacrer les protestants et de donner la couronne au duc d'York, trouva les esprits déjà en fermentation. Un grand nombre de victimes furent sacrifiées à la peur du papisme.

Une réaction en appelait une autre. Charles II cassa le parlement (1681) et gouverna en monarque absolu, aidé par l'or de la France et l'aristocratie anglaise. Quelques nobles, qui se révoltèrent au nom des libertés nationales, furent exilés ou mis à mort. Le duc d'York, dont les droits de succession avaient été contestés, profita de cet état de choses et put remplacer, sous le nom de Jacques II, son frère, mort « en catholique tiède, après avoir vécu en épicurien [2] » (1685). Le nouveau règne fut court et sans gloire; il alla plus loin que le précédent dans le sens de la restauration catholique. Jacques, dit Michelet, « n'imita pas les tergiversations hypocrites de Charles. Jacques était un homme de cœur, brave, borné, opiniâtre; il se déclara catholique et jésuite (ceci était littéralement exact), il fit tout ce qu'il fallait pour tomber, et tomba [3]. »

[1] Henri Martin, XIII, 432.

[2] Henri Martin, XIV, 32.

[3] Michelet, *Précis*, 257. « L'avènement d'un papiste avoué au trône, violation flagrante de la Constitution, fut suivi par d'autres acheminements à la domination du pape. Le parlement écossais, plus disposé que celui d'Angleterre à favoriser les projets de Jacques, sans même exiger de lui le serment de couronnement, lui voua l'obéissance la plus servile. » *The Story of the Scottish Church*, par le rév. Thomas Mac Crie; Londres, 1875; p. 371.

C'est ainsi que, l'année même de la Révocation de l'édit de Nantes en France, l'Angleterre et l'Ecosse passaient aux mains d'un prince qui célébrait avec éclat le culte catholique et qui travaillait à soumettre la Grande-Bretagne à Rome. La double entreprise par laquelle Louis XIV et Jacques II préparaient de concert le triomphe du catholicisme rapprocha les puissances protestantes qui formèrent la ligue d'Augsbourg (1686). Il n'en était pas de l'Angleterre comme de la France : « les catholiques anglais ne formaient pas la centième partie de la nation [1], » et l'attitude du roi était un défi de matamore lancé à tout son peuple. Ce fut un défi sanglant. Quelques centaines de whigs, de dissidents et de républicains s'étant soulevés contre « l'usurpateur Jack d'York », à la voix du duc de Monmouth, fils naturel de Charles II, ils furent vaincus. Le duc écossais d'Argyle et Monmouth montèrent sur l'échafaud (juillet 1685). « Je meurs, dit le premier, non seulement en protestant, mais en ennemi invétéré du papisme, de l'épiscopat et de toute superstition [2] » Leurs partisans furent poursuivis avec une rigueur inouïe [3].

Encouragé par Louis XIV, et au nom de la liberté de conscience [4], Jacques avait congédié le parlement anglais et s'était arrogé le droit de violer la loi du *test*. Il autorisait les couvents à s'établir dans Londres, faisait réparer la

[1] Tytler, *Modern History*, 118.

[2] Th. Mac Crie, *The Story of the Scottish Church*, 372.

[3] « Les capitaines et les magistrats de Jacques II châtièrent les fauteurs réels ou supposés de la rebellion avec une barbarie qui a voué à une affreuse célébrité les noms des Kirke et des Jeffreys. Des femmes qui étaient l'objet du respect de tous furent brûlées vives pour avoir donné asile à des proscrits. Les misérables agents de Jacques II n'avaient pas même l'excuse du fanatisme et joignaient à leur férocité la cupidité la plus basse. Le grand-juge Jeffreys est resté dans l'histoire l'idéal du mauvais juge. Son maître, digne de lui, le fit lord-chancellier, en récompense d'actes qui méritaient mille morts. » Henri Martin, XIV, 33.

[4] Le sens que prenait pour les Stuart ce principe dont ils se réclamaient nous est donné dans l'accueil que fit Jacques II aux huguenots réfugiés ; « il eut la perfidie, lui *papiste*, de prétendre les assujettir à acheter, par une adhésion à l'épiscopat *hérétique* d'Angleterre, le morceau de pain qu'il leur offrait et qu'ils refusèrent. » Henri Martin, XIV, 63, note 2.

chapelle de Holyrood, donnait des revenus aux missionnaires et aux collèges catholiques d'Ecosse, nommait des professeurs catholiques dans les écoles et les universités, envoyait avec éclat un ambassadeur à Rome, invitait ses courtisans et ses fonctionnaires à adopter sa religion et destituait ceux qui ne voulaient pas lui complaire; il ne tint pas compte du refus du parlement d'Ecosse d'abroger le *test* (juin 1686) et, de sa pleine autorité, comme chef de l'église écossaise, enjoignit aux juges de considérer comme nulles les lois contre les papistes ; il remplit tous les postes de catholiques ou d'hommes sans foi et sans mœurs qui se faisaient passer pour catholiques. En Irlande il s'efforça de relever le parti national et catholique pour l'opposer au parti protestant des colons de Cromwell [1]. « L'attribution d'un caractère public au nonce du Pape, sa réception solennelle à la cour, l'entrée du jésuite Pêtre au conseil privé, la dissolution du parlement, déjà prorogé deux ans, exaspérèrent le peuple et jetèrent l'effroi parmi les catholiques éclairés qui sentaient qu'on perdait leur cause (juillet-novembre 1667). » Jacques ne sut même pas s'attacher le pape ni les puissances catholiques, hormis la France ; encore refusa-t-il l'appui militaire de Louis XIV ; « l'inconséquent monarque prétendait opérer, sans les armes étrangères et avec des forces nationales, une contre-révolution en horreur à sa nation [2] ! »

L'échafaudage qu'il avait dressé s'écroula au premier coup de vent et entraina l'insensé dans la ruine de tant d'efforts. Son gendre, Guillaume, appelé de Hollande, prit sa place sans coup férir, et fit naitre « l'ère de la liberté anglaise. »

La France n'avait plus un seul allié ; cependant « Louis XIV accueillit magnifiquement Jacques II et prit sa cause en main ; il jeta le gant à l'Europe, il déclara la guerre à l'An-

[1] Cf. Henri Martin, XIV, 69 et 84 ; Bellesheim, IV, 134 et 135 ; Matter, IV, 291.

[2] Henri Martin, XIV, 85 et 87.

gleterre, à la Hollande, à l'Empire, à l'Espagne, au pape[1]. » Les catholiques anglais et écossais émigrèrent en grand nombre en France[2] et là centralisèrent leurs efforts en faveur des Stuart. Pendant plus de cinquante ans, qui dira catholique, en Ecosse, dira en même temps *jacobite* et rebelle.

Dès 1689, le vicomte de Dundee, que les Highlanders appellent encore *Bonnie Dundee*, avait soulevé au profit de Jacques II une partie de la Haute Ecosse ; vaincu à Killiecrankie, il avait été tué en combattant à la tête de ses montagnards[3] (26 mai).

La même année une escadre francaise apporta Jacques II sur les côtes d'Irlande où les catholiques l'accueillirent avec enthousiasme ; mais la campagne fut mollement menée, on s'amusa aux sièges, on établit un gouvernement d'anarchie et de tyrannie, vivant de spoliations, de monopoles et de fausse monnaie. Guillaume III passa en Irlande et, le lendemain de l'éclatante victoire de Trouville sur la flotte anglo-batave à Beachy-Head, Jacques II, complètement battu sur les bords de la Boyne, ne cherchait plus son salut que dans la fuite (11 juillet 1690.) — Louis XIV, qui voulait ramener l'Angleterre sous l'influence française, ne se rebuta pas. Beaucoup de lords, entre autres le comte de Malborough, s'étant mis en correspondance secrète avec leur ancien roi, on crut que la fortune allait sourire à l'exilé ; on lui donna pour envahir l'Angleterre une armée de 30.000 hommes, français, irlandais, anglais et écossais ; mais Jacques, par son incapacité, fut cause du désastre de notre marine à La Hougue et fit avorter l'expédition[4] (1692). — Ne pouvant abattre Guillaume par la force militaire, le jésuite détrôné voulut essayer du poignard ; son émissaire, Grandval, fut pendu et écartelé en Belgique[5] (même année).

[1] Michelet, *Précis*, 257.
[2] Cf. Fr. Michel, *les Ecossais en France*, t. II, chap. XXXVII.
[3] Cf. Tytler, *Modern History*, 142.
[4] Cf. Henri Martin, XIV, 111 à 158, passim.
[5] Cf. Henri Martin, XIV, 166, note 2.

Bien qu'il eût reconnu le roi Guillaume (à la paix de Ryswick, 1698), Louis XIV, se laissant gagner par les instances de la fatale Mme de Maintenon, proclama roi d'Angleterre et d'Ecosse le fils de Jacques II, lorsque celui-ci mourut (1701). « Une explosion de colère éclata dans toute la Grande-Bretagne [1] ». — Comme son père, le jeune prétendant conspira contre la dynastie choisie par ses compatriotes. L'année qui suivit l'*acte d'union* entre l'Angleterre et l'Ecosse, il voulut profiter du mécontentement de la petite nation, que la grande avait absorbée, pour débarquer en Ecosse à la tête de 6.000 Français. Louis XIV fit armer trente vaisseaux ; on avait les meilleures assurances des principaux seigneurs écossais. Une maladie de Jacques III et une tempête sur mer permirent à la flotte anglaise d'empêcher le débarquement. Le prétendant revint à Dunkerque le 7 avril 1708, accueilli en France par la risée publique [2]. — En 1716, il réussit à descendre en Ecosse. Il y arriva au moment où l'insurrection jacobite conduite par le comte de Mar, qui avait réuni une armée de 10.000 hommes, était sur son déclin. « Le prétendant, éteint par une éducation monacale, n'était pas homme à relever un parti vaincu ; il se rembarqua au bout de six semaines, sans avoir vu l'ennemi, et vint se réfugier dans la cité papale d'Avignon, tandis que ses adhérents mouraient sur les échafauds de l'implacable Georges [3]. »

Une dernière tentative devait avoir lieu, avec un succès plus surprenant. Le cardinal de Tencin avait persuadé Louis XV de jeter sur les côtes anglaises le jeune Charles-Edouard Stuart, fils de Jacques, avec 10.000 soldats ; les troupes étaient embarquées, lorsque les Anglais, ayant appris que les Français voulaient rétablir le papisme chez eux, avaient envoyé une escadre qui empêcha le départ (1744). L'année suivante, Charles-Edouard passa la mer seul. « Les Highlanders de l'Ecosse l'accueillirent, fondirent des montagnes avec un irrésistible élan, enlevant les canons à

[1] Cf. Henri Martin, XIV, 383.
[2] Cf. Fr. Michel, II, 401 à 406.
[3] Henri Martin, XV, 76 ; Cf. Tytler, *Modern History*, 143.

la course, et démolissant les escadrons à coups de poignard[1].» Les soldats du *prince Charlie* étaient catholiques; l'évêque d'Edinburgh, Macdonald, bénit la bannière royale et nomma des aumôniers militaires[2]. Le premier acte du prince, lorsqu'il fut maître d'Edinburgh, fut de proclamer le libre exercice des cultes[3]; puis il défit une armée anglaise et s'avança jusqu'à quarante lieues de Londres. Mais, les jacobites anglais n'ayant pas répondu à son appel, Charles-Edouard battit en retraite et fut enfin écrasé à Culloden (27 avril 1746)[4]. Ce désastre brisa à jamais les prétentions des Stuart et mit fin aux rébellions papistes en Ecosse.

II. — Persécutions

1°. — *Code pénal*

Les catholiques écossais formaient comme une société secrète menaçant la sécurité publique et les libertés nationales. Les gouvernements devaient se prémunir contre eux et, le fanatisme religieux aidant, ils le firent avec une rigueur que nous ne comprenons plus de nos jours. Ils établirent des lois draconiennes qui ne purent, à cause même de leur trop grande sévérité, être exécutées à la lettre. Plusieurs princes ne visaient à rien moins qu'à l'extirpation du catholicisme du sol écossais. Quant à la *Kirk*, elle considérait comme un devoir sacré d'obliger les papistes à embrasser la pure vérité du presbytérianisme[5].

Culte. — Rudes lutteurs dans une rude époque, les réformateurs de l'Ecosse frappaient également le vice, l'immo-

[1] Michelet, *Précis*, 296.
[2] Cf. Bellesheim, IV, 191.
[3] Cf. Donlevy, *St Mary's Cathedral*, 77.
[4] Cf. Henri Martin, XV, 266, 288 et 289; Tytler, *Modern History*, 144, 145; Fr. Michel, t. II, chap. XXXIX, passim.
[5] L'église romaine ayant considéré l'hérétique non comme un malade mais comme un coupable, avait appris aux presbytériens à envisager les ennemis de leur orthodoxie comme des criminels.

ralité et la messe : confiscation des biens, exil, mort. Pour faire un peuple libre, guidé par le sens moral et par la Bible, ils attaquaient les doctrines et le culte romains, source d'ignorance et d'oppression ; ils défendaient *l'honneur de Dieu* contre *l'idolâtrie.*

Dans le *livre de discipline,* dû en grande partie à Knox, les presbytériens condamnent les vœux de chasteté, les jeûnes, les prières pour les morts, les fêtes religieuses ; — « ces choses n'étant ni ordonnées par l'Ecriture ni fondées sur elle, nous jugeons qu'elles doivent être radicalement abolies dans ce royaume ; et nous déclarons que ceux qui s'obstinent à entretenir et à enseigner de telles abominations ne devraient pas échapper au châtiment du magistrat [1] ».

Prenant pour règle le commandement donné à Israël de détruire les temples où les Cananéens adoraient leurs faux dieux, les *preachers* exigent la démolition des abbayes, chapelles, monastères, couvents, cathédrales et collèges qu'ils n'utilisent pas comme églises ou écoles [2] ; puis, dénonçant les prêtres romains qui font adorer « l'idole de la messe » et les protestants indépendants qui célèbrent les sacrements sans avoir reçu de consécration ecclésiastique, les rédacteurs du *livre de discipline* font preuve d'un zèle farouche : — « Notre désir est qu'un châtiment sévère soit infligé aux auteurs de ces abus ; quoique nous ne prenions pas sur nous de prescrire ce châtiment, nous ne craignons pas de dire que les uns et les autres méritent la mort [3]. »

[1] Le *livre de discipline* se trouve dans l'ouvrage de Spottiswoode, *History of the Church of Scotland ;* Cf. vol. I, p. 332, sous le titre : *The first head — of Doctrine.* On établit la nouvelle constitution en opposition aussi complète que possible avec la vieille église ; « toutes les saisons de l'année ecclésiastique — même la grande fête de Pâques — furent entièrement abolies » (Hill Burton, III, 11).

[2] « Nous désirons aussi qu'aucune personne, quel que soit son rang, ne soit autorisée à célébrer un culte idolâtre ; car, si, en quelque lieu, l'idolâtrie, pouvant être supprimée, est maintenue, la colère de Dieu frappera à la fois les idolâtres aveugles et obstinés et les négligents qui les supportent. Par idolâtrie nous entendons la messe, l'invocation des saints, l'adoration des images..., en un mot tout honneur rendu à Dieu non conforme à sa Parole sainte. » (Spottiswoode, I, 333, 334 ; *The third head — touching the abolishing of Idolatry).*

[3] « En effet, si l'homme qui a falsifié le sceau et la signature d'un roi est jugé digne de mort, combien plutôt celui qui a falsifié le sceau de

L'assemblée générale de la *Kirk*, fidèle à l'esprit de sa discipline, rendit la Cène obligatoire pour tous, surtout pour ceux qui étaient suspectés de papisme, sous peine d'excommunication[1]. Avec menaces de la même peine et de citation devant les tribunaux, l'Assemblée de 1573 ordonna à tous les papistes de se rattacher avant huit jours à la religion établie[2]. — L'excommunication, souvent accompagnée de peines civiles, mettait le condamné au ban de la société, sa famille seule ayant le droit de lui parler et de répondre à ses besoins[3]. Les *preachers* s'en armaient contre les séductions des jésuites, l'apostasie des protestants et les retours du vieil instinct qui poussait le peuple ignorant à la pratique des rites romains.

On poursuivit la célébration du culte catholique par des Ecossais jusque hors de leur pays. Un rapport, daté du 29 avril 1609, de Mgr Ottavio Mancini, évêque de Carpentras, nous apprend que les seigneurs du royaume et le conseil ont décidé que « si l'on trouve des catholiques qui aient assisté à la messe sur le continent, il sera juste de les dépouiller, eux et leurs héritiers, de tous leurs biens au profit de la couronne[4] ». — La docte assemblée de théologiens réunie par le long parlement à Westminster, en 1643, et

Christ Jésus, le Prince de tous les rois de la terre. Le roi Darius fit un édit pour ordonner que celui qui abandonnerait la reconstruction du temple matériel de Jérusalem fut pendu à une pièce de bois arrachée de sa maison ; que jugerons-nous donc que méritent ceux qui font obstacle à la construction du temple spirituel et à l'édification du peuple de Dieu par la prédication vraie de la Parole et la juste administration des sacrements ? » (Spottiswoode, I, 370, 371 ; *The ninth head — concerning the policy of the Church... for punishment of them that profane the sacraments*).

[1] « Ainsi le repas sacré de notre Seigneur, dit Cunningham, destiné à être un pacte fraternel et une fête d'amour, devenait une pierre d'achoppement et une arme offensive. Les catholiques pieux considéraient le sacrement célébré par le ministre protestant comme les premiers chrétiens avaient envisagé l'autel de Jupiter sur lequel ils devaient jeter un grain d'encens » (*Church History*, I, 407, 408).

[2] Bellesheim, III, 235.

[3] Spottiswoode, I, 356 ; *The seventh head — concerning the Censuring of offenders*. On n'était pas excommunié de l'église seulement, mais aussi de Dieu : « excomunicated from God and from the society of his church ». Le protestantisme était encore tout saturé de papisme.

[4] Traduit de l'italien. Cf. Bellesheim, III, *Appendix*, p. 476.

dont les décisions reçurent force de loi en Ecosse, n'apporta pas d'adoucissement aux mesures prises contre les catholiques [1]. Sous *Cromwell, ils sont contraints d'assister aux* services protestants ; sous Charles II, ils contribuent au salaire des *preachers*, et les lois sont toujours aussi sévères contre la messe [2].

Guillaume III, qui fut à bien des égards un prince libéral, obligé de réagir contre la conspiration catholique de Jacques II, condensa et systématisa la législation antipapiste des 140 années qui précédèrent sa révolution. Ce fut ainsi que, après lui, quiconque assistait à une cérémonie où se trouvait un autel, une image, un livre de messe ou un vêtement de prêtre, encourait l'exil, et la mort en cas de retour [3].

Fonctions publiques. — Aux premiers jours de la Réformation, le pape, envoyant à Marie Stuart les actes du concile de Trente, engagea fortement la reine à destituer les hérétiques des hauts offices de l'Etat (1564) [4] ; cette démarche n'eut d'autre résultat que de montrer que les catholiques n'avaient aucune notion de la tolérance même après avoir goûté les fruits amers de la persécution. — Il ne semble pas que le gouvernement ait d'abord rigoureusement éloigné les papistes des charges publiques. Le serment du *test*, imposé à tous les magistrats anglais par Elisabeth,

[1] A Westminster, « the presbyterians had no clear view of toleration » (cours inédit de M. le professeur Orr : *The History of the Church of Scotland).*

[2] Cf. Bellesheim, IV, 117, 118, 120. « Un seul cas de culte catholique, dit Tytler, quelque secret qu'il fût, était strictement prohibé : la présence d'un seul individu à une messe unique, dans le district le plus reculé, à l'heure la plus morte de la nuit, dans la chambre la plus retirée, ouverte seulement aux consciences qui se prosternaient devant l'autel en toute sincérité, était un crime contre l'Etat et l'église. Tolérer un tel culte un seul instant était encourager ouvertement l'Antichrist et l'idolâtrie » (cité par M. Donlevy, *St Mary's Cathedral*, p. 56).

[3] Cf. Cunningham, II, 384, et lord Kames, *Statute law of Scotland Abridged with Historical Notes.* Cet ouvrage, publié au milieu du siècle dernier (la 2e édition parut à Edinburgh en 1769), est résumé par Bellesheim dans le tome IV de son histoire. C'est à ce résumé que nous renvoyons. Cf. pp. 229 à 232.

[4] Bellesheim, III, 79.

et dont le refus excluait de toute fonction officielle, ne fut étendu à l'Ecosse que plus tard.

En 1628, les conseillers, juges, avocats et autres fonctionnaires civils qui refusèrent, à un jour dit, de venir communier dans la chapelle de Holyrood, furent accusés de tendances papistes et perdirent leur charge [1]. En 1668, les catholiques sont exclus de tout office ou dignité ; dans la magistrature et le barreau il ne s'en trouve pas un seul [2]. Après l'odieuse dénonciation de Titus Oates, les papistes furent exclus des deux chambres d'Angleterre et le droit de succession au trône du duc d'York fut violemment attaqué. Celui-ci, arrivé au pouvoir, rétablit, nous l'avons vu, le culte catholique, et s'entoura de conseillers et de fonctionnaires de sa religion ; les Anglais, conscients du danger qu'ils avaient couru, posèrent en principe, dès l'arrivée de Guillaume III, qu'un papiste ne pouvait être appelé à régner sur l'Angleterre protestante [3]. On stipula que le prince ne pourrait pas épouser une catholique et que tous les emplois publics seraient fermés aux papistes [4].

Education. — Les réformateurs savaient toute la puissance de l'éducation pour créer un peuple, et John Knox donna, dans le *livre de discipline*, un programme scolaire admirable [5]. Cependant, Knox et ses amis se montrèrent tolérants ; ils laissèrent leurs chaires aux professeurs catholiques des universités. S'il faut en croire le révérend James Mackenzie, six ans après la Réformation, tous les professeurs d'Aberdeen étaient catholiques et continuaient à enseigner leurs doctrines, et, six ans plus tard, plusieurs

[1] Bellesheim, IV, 14.
[2] Bellesheim, IV, 121.
[3] Henri Martin, XIV, 100.
[4] *Statute Law Abridged.*
[5] Dans le compte-rendu qu'il donne du *livre de discipline*, M. Bellesheim n'a pas un seul mot d'approbation pour les lois libérales de Knox au sujet des écoles et du paupérisme. D'ailleurs M. Bellesheim ne dit pas une seule fois du bien des églises protestantes. Nous nous flattons de ne pas l'imiter à l'égard du catholicisme dont cependant nous ne sommes pas l'ami. Mais M. Bellesheim se doute-t-il qu'il laisse échapper

professeurs catholiques exerçaient encore à Saint-Andrews[1]. Cela ne dura pas. Après la Révolution de Guillaume III, les professeurs catholiques sont bannis, à moins qu'ils ne souscrivent à la confession de foi. Un catholique ne peut pas être maître d'école ; il exposerait l'homme qui l'emploierait comme tel à une amende de 1000 *merks*. Il lui est interdit d'enseigner, non seulement ses doctrines, mais aussi tout art, science, grammaire, sous peine de 500 *merks* d'amende. Il sera frappé de la confiscation de ses biens s'il essaie de pervertir un sujet du roi soit par des raisonnements soit par des livres.

De fortes amendes sont infligées aux personnes, nobles ou autres, qui envoient leurs fils dans les séminaires du continent. Les parents dont les enfants deviennent catholiques sur le continent doivent donner caution qu'ils ne leur enverront aucune aide pécuniaire, sauf dans le but de les faire revenir en Écosse[2]. Les enfants catholiques ne furent pas toujours laissés à leurs parents : en 1609, il fut ordonné qu'ils seraient élevés en Angleterre, dans la religion réformée ; en 1668, leur éducation fut confiée à des protestants écossais ; les lois de Guillaume III interdirent aux catholiques d'élever leurs enfants qui devaient être confiés à quelque ami pieux et bien pensant[3].

Droits civils. — On fit plus que prohiber le culte, interdire les fonctions publiques, plus même qu'arracher aux

un éloge à l'adresse du protestantisme lorsque, après avoir défendu le caractère persécuteur de Rome, il déclare que la persécution par les protestants est illogique ?

[1] Cf. *The History of Scotland*.

[2] *Statute Law Abridged.* Déjà, sous Charles Ier, les parents dont les enfants étaient élevés sur le continent avaient reçu l'ordre de les faire revenir (Bellesheim, IV, 10).

[3] Cf. le rapport de Mgr Ottavio Mancini; cité par Bellesheim, III, 476; *Statute Law Abridged*; et Bellesheim, IV, 112 et 120. — Nous partageons toute l'indignation de M. Bellesheim contre « the odious practice of separating children from their parents for religious reasons ». Les catholiques devraient comprendre que ces persécutions, qu'ils ont pratiquées sur une plus grande échelle en France, tache de sang répandue sur toutes les pages de leur histoire, cancer abominable attaché si longtemps au sein du protestantisme, ont pris naissance dans leur système ecclésiastique inconciliable avec la pitié et la justice.

parents leurs fils; on priva les catholiques écossais des droits civils, c'est-à-dire du droit de vivre. — Nous ne parlerons que pour mémoire des expulsions des jésuites ordonnées en 1586 et en 1604, par Jacques I : les jésuites y sont tellement accoutumés et savent si bien rester *quand même*, que ces deux faits ont peu d'importance[1]. Après la *conspiration des poudres*, Jacques, poussé par l'opinion publique, prit des mesures plus sévères. Il exigea de ses sujets catholiques un serment d'obéissance au souverain et de répudiation de la doctrine qui accorde au pape le pouvoir de déposer les princes, serment que le saint-siège refusa de sanctionner[2]. Tous ceux qui s'obstinaient dans le papisme devaient être privés de leurs propriétés à moins de s'exiler volontairement; dans ce cas, une portion de leurs biens leur était laissée pour les faire vivre à l'étranger. Les protestants eux-mêmes ne pouvaient quitter le royaume sans la permission du roi et sans donner caution qu'ils ne deviendraient pas catholiques[3].

Pendant la panique provoquée par Oates, tous les catholiques des Trois Royaumes furent désarmés et obligés de fournir caution[4]; et, après la révolution de 1688, leur condition devint tout-à-fait misérable. Guillaume III les abandonna au fanatisme du peuple ; grâce à leur participation à tous les complots jacobites, les lois visant les prétentions des Stuart furent funestes aux papistes ; c'est ainsi qu'après la défaite du prince Charlie de cruelles mesures politiques détruisirent l'antique constitution sociale des tribus celtiques et catholiques des Gaëls[5].

[1] Cf. Bellesheim, III, 340 et 396. En 1561, une proclamation du *Town Council* d'Edinburgh ordonna de quitter la ville, sous peine d'être marqués au fer rouge et bannis, à tous les religieux et les prêtres — « all monks, friars, priests, nuns, adulterers, fornicators, and all such filthy persons » (*Mary Queen of Scots and her accusers*, by John Hosack ; I, 79). — Les jésuites furent encore expulsés d'Ecosse en 1661 ; lorsque Clément XIV abolit leur ordre en 1773, les 12 Jésuites qui *travaillaient* l'Ecosse se soumirent simplement à l'autorité épiscopale et rien ne fut changé dans la mission. Cf. Bellesheim, IV, 227.

[2] Bellesheim, III, 398, et IV, 53.

[3] Rapport de Mgr Ottavio Mancini ; 1609 ; cité par Bellesheim, III, 475.

[4] Henri Martin, XIII, 572.

[5] Henri Martin, XV, 289.

Il fut interdit aux catholiques d'être domestiques, précepteurs, tuteurs, agents; les employer comme tels était s'exposer à de fortes amendes dont bénéficiait parfois le dénonciateur. Un domestique protestant devenant catholique ne pouvait pas prendre une situation dans une famille catholique. — Le droit de propriété fut contesté aux papistes. Les whigs, qui arrachèrent à Guillaume III des mesures acerbes contre les catholiques, firent décréter, en 1700, qu'un papiste ne pourrait ni acheter, ni hériter. Toute acquisition de propriété par lui provenant d'achat, de don ou de fidéicommis, était, de par la loi, nulle et non avenue. Si, après l'âge de quinze ans, un héritier catholique refusait de renier sa foi, ses droits de succession passaient à l'héritier protestant le plus rapproché. Tous legs en faveur de cloîtres ou autres associations papistes étaient *ipso facto* sans valeur. Un protestant tournant au catholicisme devait renoncer à toute possibilité d'hériter. — Les prêtres furent sévèrement poursuivis. Tout homme suspecté d'être jésuite, prêtre ou papiste trafiquant (*trafficking papist*), surtout lorsqu'il se cachait sous un faux nom, s'il refusait de « se purger » du papisme, s'exposait à être banni du royaume et, en cas de retour, pendu. Il était traqué sans merci par le législateur aidé du *preacher*. Ceux qui lui donnaient asile couraient le risque de voir leurs biens confisqués par la couronne[1]. Sa tête était mise à prix : la reine Anne promit 500 *merks* en plus des dépens à quiconque arrêterait un prêtre, un jésuite ou un logeur de prêtres (*resetter or harbourer of priests*)[2].

Il nous est particulièrement humiliant de voir des ministres protestants se joindre à la police. Le décret que nous venons de mentionner eut un article additionnel ordonnant aux *preachers* de dresser des listes de toutes les personnes suspectées de papisme ou ayant apostasié la religion établie. Les presbytères furent autorisés à faire comparaître ces coupables devant eux, à exiger qu'ils donnassent satisfac-

[1] *Statute Law Abridged*. — Cf. aussi Cunningham, II, 384.

[2] Proclamation royale de mars 1704, citée par Bellesheim, IV, 161.

tion à la *kirk* et, sur leur refus, à les dénoncer au conseil privé qui les priverait de leurs biens[1].

Des esclaves ou des pariâs n'avaient rien à envier aux catholiques écossais soumis à cette inique législation, « race proscrite et réprouvée, à laquelle on refusait, non seulement le droit de cité, mais jusqu'à la bienveillance que nous accordons aux plus abjects de nos pareils[2]. » — Deux considérations expliquent les rigueurs du législateur : les tentatives des catholiques vaincus pour venger leur église sur les libertés nationales, et la douce application de ces lois barbares : ce code pénal est dû surtout à l'influence de la terminologie et des traditions de l'église romaine et au désir d'effrayer les suppôts de l'*Antichrist*[3]. Il n'en reste pas moins « le chapitre le plus humiliant de la législation écossaise[4]. »

2°. — *L'église sous la croix.*

Knox. — Ce grand lutteur ne fut pas un homme de sang et, bien qu'il eût souvent sur les lèvres les noms des princes de Juda et d'Israël, Achab, Jézabel, Jéhu, Asa, Jéhojakim, noms sauvages qui faisaient trembler la protectrice cultivée et sensuelle des persécutés, il ne voulait pas l'extermination des fidèles de la vieille église : la haine qu'il portait au papisme, la violence dont il usait contre les grands, nous ne les retrouvons pas dans son traitement

[1] *Statute Law Abridged.* — « La *Kirk*, dit M. Bellesheim, avait établi un système d'inquisition digne des jours les plus sombres et les plus intolérants du XVIe siècle » ; et il ajoute cette remarque surprenante : « Il n'exista probablement jamais, chez un peuple civilisé, un système d'espionnage semblable à celui de l'Eglise presbytérienne, étendant son autorité, comme elle le faisait, jusqu'aux rapports sociaux les plus intimes » (t. IV, pp. 162 et 263) — peut-être M. Bellesheim hésite-t-il à appeler « civilisées » les nations tenues en tutelle par les jésuites et le clergé romain !

[2] Cunningham, II, 384.

[3] Cf. cours inédit de M. le professeur Doumergue sur *l'influence sociale du Calvinisme dans les pays de race anglo-saxonne.*

[4] Cunningham, II, 384.

des catholiques et nous sommes frappé de sa douceur lorsque nous pensons à l'arme terrible que la loi avait mise entre ses mains.

Les premières fureurs des réformés s'étaient tournées contre les édifices religieux. Le parti révolté de la Congrégation avait détruit sur son passage, à Perth, à Scone, à Stirling, les monastères et les abbayes (1559) ; l'œuvre de démolition fut encouragée par le *livre de discipline* et les premières Assemblées générales de l'église presbytérienne[1].

Lorsqu'il fut question d'appliquer les lois contre la messe, Knox parut embarrassé ; il lui répugnait de sévir contre les personnes. La haine du peuple pour tout ce qui rappelait les chaînes qui venaient de tomber suffit d'abord pour faire observer les lois : reine et catholiques devaient compter avec le peuple[2]. « Les papistes, écrit Knox, étaient tellement confondus que, semblables aux voleurs de Liddesdale qui eussent tremblé d'avouer leur larcin devant un juge intègre, ils n'auraient pas osé faire l'aveu d'avoir entendu ou dit la messe[3]. »

La privation du culte, l'absence des prêtres et les sentiments de la majorité de la nation, détachèrent de Rome la plupart des Ecossais qui n'avaient pas encore pris parti pour les réformés. Les lois pénales contribuèrent à cet effet moins par l'usage qu'en firent les magistrats que par le fanatisme qu'elles nourrissaient dans les esprits. « *A cette époque*, écrit Leslie, évêque de Ross, *on exila peu de catholiques pour cause de religion, on en emprisonna en-*

[1] Cf. Knox, 164 et 179 ; Spottiswoode, I, 372 ; Bellesheim, I, 30 ; III, 11 et 15 ; Cunningham, I, 258 à 261. — Ces destructions, qui coïncident avec un accès d'intolérance semblable chez les huguenots en France (en 1662, cf. Henri Martin, IX, 124 à 126), sont à tous égards regrettables. Elles privent le touriste d'un trop grand nombre de ces antiques édifices qui font l'ornement de nos villes et elles ont fait disparaître des registres et des manuscrits qui auraient sans doute ouvert à l'historien de nouveaux horizons dans l'ombre dont s'enveloppe la vieille Ecosse.

[2] Anarchie, disent les cléricaux ; liberté naissante, disons-nous. Les princes catholiques ont presque toujours eu du mépris, quelquefois de la haine, pour la populace. Leurs règnes les plus glorieux ont été des époques de tyrannie, corruption en haut, souffrances en bas.

[3] p. 263.

core moins et l'on n'en fit mourir aucun[1]. Cependant le texte seul de la loi dut provoquer assez de terreur pour faire des protestants peu sincères.

Encouragés par la messe que l'on autorisait à Marie Stuart dans son palais — cette messe unique qui effrayait Knox plus que ne l'auraient fait 10.000 soldats papistes[2] —, les catholiques levèrent la tête et, le jour de Pâques 1563, célébrèrent la messe sur divers points du pays. Le peuple se saisit d'eux, surtout dans le « West Land », et les jeta en prison ; mais la reine réprimanda Knox et rendit la liberté aux violateurs d'une loi qu'elle n'avait pas ratifiée[3]. De leur nombre était l'archevêque de Saint-Andrews, John Hamilton, le principal représentant du catholicisme écossais. Marie Stuart, touchée de ses plaintes, lui avait ouvert les portes du château d'Edinburgh où on l'avait enfermé ; en 1566, elle voulut lui rendre son siège de Saint-Andrews ; ceci souleva contre ce pauvre prélat, qu'on appela *a venemous and odious beast*, la protestation la plus violente, peut-être la plus légitime : l'archevêque rétabli prononça, en effet, la validité du divorce de Bothwell qui put ainsi épouser la reine.

Moray, arrivé à la Régence le 22 août 1567, dut prendre d'énergiques mesures contre les catholiques alliés de sa sœur, la malheureuse Marie Stuart, dont il fut l'accusateur le plus acharné. Nous ne signalerons pas toutes les peines subies par des catholiques et que Bellesheim attribue trop complaisamment à l'intolérance religieuse. Nous avons vu que le rôle politique des partisans de Rome explique, parfois sans les justifier, la plupart des rigueurs dont ils fu-

[1] Au sujet de la condamnation de la messe en 1660, le savant principal Lee écrit : « Ce statut sévère ne fut jamais exécuté que je sache ; on n'eut probablement jamais l'intention de l'appliquer à la lettre » (cité dans Knox, 233, note 1).

[2] Knox, 271 — Même pendant les absences de la reine, les prêtres célébraient la messe à Holyrood. Cette messe disparut à la chute de Marie Stuart. En 1583, l'ambassadeur de France ne pourra pas obtenir le droit à la messe sans déchaîner des tempêtes parmi les *preachers* (Bellesheim, III, 268).

[3] Cf. Knox, 309 à 312 ; 315 et 334 ; et Hosack, *Mary Queen of Scots*, I, 96.

rent l'objet ; il est vrai aussi que les protestants eurent souvent le grand tort d'introduire la religion dans la politique, à l'instar de l'église romaine [1]. Moray exila nombre de prêtres et priva de son siège et de ses biens l'évêque de Dunblane qui n'avait pas été molesté jusqu'alors. Sous Lennox, qui remplaça Moray en 1571, l'archevêque Hamilton, brouillon politique et ecclésiastique de mœurs irrégulières, mais instruit, zélé et modéré, fut pendu à Stirling, victime des passions politiques d'une époque de violence [2].

La résistance des catholiques aux réformateurs fut presque nulle ; le parlement de 1560 avait fait sombrer en un jour le catholicisme, révélant la fragilité des fondations de la vieille religion dans les esprits. Le seul nom bien connu, parmi les défenseurs du catholicisme en Ecosse, avec celui de John Hamilton, est celui de Ninian Winzet ; Hamilton intriguait, Winzet écrivit. Instituteur de l'école paroissiale de Linlithgow, il dénonça d'abord le libertinage du haut clergé, puis il se tourna contre Knox et mit sous presse à Edinburgh *the Last Blast of the Trompet of Godis Worde agants the usurpit auctoritie of John Knox, and his Caluiniane brether* [3]. Les magistrats firent forcer l'imprimerie, emprisonner l'imprimeur et saisir les exemplaires de l'audacieux traité. Winzet s'enfuit de chez lui par une porte au moment où les sergents y entraient par une autre ; il quitta l'Ecosse et devint abbé du monastère écossais de Saint-Jacques à Ratisbonne [4] (1562). Personne ne prit sa place. Tous les hommes de valeur en Ecosse étaient protestants. Le nonce Goudamus, qui dut se déguiser en marin pour fuir un pays qui le considérait comme « l'émissaire du diable », écrivait, en 1562, que la plupart des évêques étaient dépourvus des qualités nécessaires pour op-

[1] Celle-ci a plus fait ; elle a introduit la politique dans la religion et les a si bien entremêlées que la distinction entre les deux n'est plus possible.

[2] Moray et Lennox moururent assassinés. Cf. Bellesheim, III, 106, 153 et 214.

[3] Ce titre est une parodie du titre donné par Knox à un violent traité contre « le monstrueux gouvernement des femmes ».

[4] Cf. Bellesheim III, 37, 51 ; Hill Burton, *The Scot Abroad*, 291.

poser une défense efficace à l'hérésie et que les prédicateurs catholiques n'avaient ni le courage ni l'habileté de provoquer et de conduire des discussions. Les religieux restés dans le pays se cachaient parmi leurs amis, et les prêtres séculiers ne se risquaient pas à porter l'habit ecclésiastique[1].

En grand nombre, les catholiques quittaient l'Ecosse pour chercher en France une autre patrie[2]. « Quelques uns des réfugiés papistes lancèrent de la France, où ils se sentaient en sûreté, des flèches acérées qu'ils n'eussent pas osé décocher de plus près, et ils n'hésitèrent pas à prendre le puissant John Knox pour but[3] ». L'un d'eux était John Hamilton, homonyme de l'archevèque, prêtre turbulent et versatile. Citons encore Adam Blackwood qui, après avoir fait ses études à Paris et s'être fait remarquer par son zèle pour la cause catholique et pour Marie Stuart, devait devenir conseiller au présidial de Poitiers et écrire un chaud plaidoyer en faveur de la victime de « la Jézabel anglaise[4] ». — Les deux plus grands champions du catholicisme écossais en France furent l'évêque de Ross, historien de Marie Stuart, John Leslie, et James Beaton, archevêque de Glasgow. Le premier défendit sa reine en Angleterre, puis, touché de la misère « des Ecossais de tous états, nommément des prêtres âgés, que leur attachement à Marie Stuart et à leur religion avait poussés en France », il s'efforça de leur faire restituer les abbayes écossaises de l'Allemagne. Beaton, homme d'un plus grand mérite que son oncle le cardinal[5], avait abandonné l'Ecosse, l'année même de la Réformation, emportant à Paris les chartes de sa cathédrale ; Marie Stuart le nomma son ambassadeur

[1] Bellesheim, III, 59, 64.

[2] Cf. Fr. Michel, *Les Ecossais en France*, II, 118.

[3] *The Scot Abroad*, 190.

[4] *Martyre de la royne d'Escosse, douairiere de France : contenant le vray discours des traïsons à elle faictes à la suscitation d'Elizabet Angloise, par lequel les mensonges, calomnies et faulses accusations dressées contre ceste tresvertueuse, trescatholique, et tresillustre princesse sont esclarcies, et son innocence avérée.* Cf. Fr. Michel, II, 208.

[5] *The Scot Abroad*, 61. Sur Leslie et Beaton, cf. Fr. Michel, II, 145 à 149 et 134 à 139.

près la cour de France où il servit les Guise et l'Espagne.

Organisation. — La lutte est engagée ; les deux armées ont pris leurs positions respectives : d'un côté les innombrables et enthousiastes réformés, défenseurs de la liberté, mais trop imbus encore des préjugés romains pour concevoir la tolérance religieuse ; de l'autre, les débris de la vieille église, dispersés et timides, mais armés de la force morale que donne la persécution et soutenus par la puissante organisation dont Rome est le centre. Ces débris s'efforcent de se rapprocher, de former un tout et de discipliner leurs forces. — La moitié de l'histoire du catholicisme écossais après 1560 se passe en France. Paris est, plus que Rome, le foyer ouvert aux soldats fatigués ou exilés, l'école qui forme les nouvelles recrues, le siège d'état-major d'où partent les ordres de campagne.

Nous venons de voir des catholiques écossais se réfugier chez nous ; le courant ne cessa plus. Marie Stuart, en 1575, faisait des pensions aux ecclésiastiques d'Ecosse habitant la France ; Henri III écrivit à Jacques VI en faveur des catholiques persécutés, demandant qu'on les laissât passer dans son royaume. Au milieu du XVIIe siècle, Paris avait une colonie d'Ecossais qui restaient en communication constante avec leur patrie [1].

Depuis que l'Ecosse était devenue catholique, elle avait toujours envoyé nombre d'ecclésiastiques pour étudier en France. Après la Réformation, les universités écossaises ne préparant plus de prêtres, on fonda sur le continent des écoles destinées à armer des missionnaires pour l'Ecosse [2]. Paris possédait de longue date un *collège des Ecossais* ; cette institution reprit un nouvel éclat. Le collège hérita, en

[1] Fr. Michel, II, 119, 339.

[2] Cette préparation ne tournait pas toujours en faveur de la mission, s'il faut en croire une lettre écrite par un Ecossais, en 1583, et citée par Francisque-Michel (II, 132) : « Dans les collèges d'Ecosse, il y a nombre de jeunes gens qui apprennent à merveille le latin, le grec, l'hébreu et la philosophie ; mais à peine ceux qui se destinent à l'église sont-ils devenus maîtres ès-arts, que, ne trouvant pas les moyens d'existence dans leur pays, ils passent pour la plupart en France, où leur conscience et leur religion font naufrage. »

1603, de tous les biens de l'archevêque James Beaton ; vers 1670, il fut rebâti par le principal Robert Barclay ; en 1702, il eut pour préfet des études le savant historien de la primitive Ecosse, Thomas Innes [1]. De plus, un séminaire pour les Ecossais existait, dès 1676, à Tournai, d'où il fut transporté successivement à Pont-à-Mousson, à Douai, à Louvain ; il resta fixé à Douai après 1612. Deux autres collèges écossais furent fondés, l'un à Rome (1600), l'autre à Madrid (1633) [2].

Les premiers vestiges d'une organisation ecclésiastique dans l'église persécutée datent du jour où le nonce de Paris fut nommé ordinaire de la Grande-Bretagne (1582). La même année, le plus remarquable des premiers missionnaires jésuites en Ecosse, le père William Creighton, passait de France dans son pays. Il fut un instrument des Guise contre Elisabeth et le protestantisme [3] ; dès lors, la société de Jésus prit en main la préservation de l'ancienne foi en Ecosse. Au XVIIIe siècle, les missionnaires venus de France apportèrent au clergé écossais des doctrines jansénistes qui créèrent des divisions parmi les prêtres.

Ce clergé d'Ecosse s'était constitué par une lente progression. Le saint-siège avait d'abord désigné des archiprêtres et des préfets pour diriger la mission. En 1694 seulement, le préfet fut remplacé par un évêque, et, en 1732, l'Ecosse fut divisée en deux districts, Lowlands et Highlands, dirigés chacun par un évêque [4]. Paris n'en restait pas moins le siège central de la mission écossaise. Thomas Innes y fut un agent de la mission.

Du père Ogilvie à l'évêque Hay. — Les persécutions des catholiques en Ecosse n'eurent pas la même violence qu'en Angleterre. L'Ecosse n'eut ni un Henry VIII, ni une Elisabeth ; elle accueillit au contraire les ecclésiastiques anglais chassés de leur pays. Il fallut la conspiration des poudres pour que les peines légales fussent appliquées avec quel-

[1] Fr. Michel, II, 139, 359 et 326.

[2] Le collège de Madrid fut transporté plus tard à Valladolid où il existe encore. Cf. Bellesheim, III, 252, note du traducteur ; 386 ; et IV, 57.

[3] Cf. Bellesheim, III, 253 et 336 ; et Fr. Michel, II, 90.

[4] Cf. Belleshein, IV, 200 et suiv., 146 et 190.

que rigueur aux catholiques. Alors, les quelques prêtres qui restaient en Ecosse durent se déguiser en soldats, en médecins ou en marchands et user de stratagèmes pour exercer clandestinement leur culte [1]. Le marquis de Huntly fut jeté en prison, des ecclésiastiques furent bannis. Les épiscopaux, et, à leur tête, le roi, se montrèrent plus implacables que les presbytériens. Le jésuite John Ogilvie tomba entre les mains de l'archevêque John Spottiswoode en 1614. On le priva de sommeil plusieurs jours de suite sans l'amener à dénoncer aucun de ses coreligionnaires. Jacques refusa de lui faire donner la question déclarant que, si Ogilvie était simplement un jésuite ayant dit la messe, il fût banni, mais que, s'il défendait la suprématie du pape sur les rois, la loi suivît son cours. N'ayant pas voulu céder sur ce point, Ogilvie fut pendu dans la *High street* de Glasgow (10 mars 1615)[2].

En donnant un martyr au catholicisme écossais, les protestants rendirent service à leurs adversaires. « L'Ecosse ne fut jamais aussi infestée de jésuites rôdeurs et *trafiquant* qu'après le martyr du père Ogilvie[3]. » La liberté de conscience fut de nouveau tacitement permise ; mais l'exercice public du culte rencontra des obstacles. Des personnes furent molestées, non seulement pour avoir dit la messe, mais aussi pour avoir peint des crucifix ou pour avoir donné asile à des jésuites ; cependant la preuve la plus convaincante que les lois étaient plutôt faites pour effrayer que pour frapper nous est donnée dans le fait que leur application fut confiée à Huntly, seigneur qui avait toujours sympathisé avec les catholiques (1628)[4]. Cromwell, qui proclama le principe de la liberté de conscience, accusa les presbytériens de manquer de tolérance[5], et, de 1650 à 1670, les événements politiques apportèrent dans la persécution une accalmie *(a considerable*

[1] Cf. Bellesheim, III, 255 et 353.
[2] Cf. Cunningham, I, 481.
[3] Hill Burton, *History*, VI, 12.
[4] Cf. Bellesheim, III, 399 ; IV, 28 et 12.
[5] Cours inédit de M. le professeur Orr : *The History of the Church of Scotland*.

lull)[1]. En 1668, Winster, préfet de la mission, écrivait à Rome : « La messe est dite et des sermons sont prêchés soit dans des demeures privées, soit, dans quelques cas, comme dans les Highlands et les Hébrides, en plein champs. Le clergé séculier et régulier remplit ses devoirs avec fidélité. » Cependant Winster se plaint du manque de missionnaires et de la condition défectueuse des collèges du continent. Il attribue à la bonne volonté individuelle des fonctionnaires la négligence que rencontrent les lois pénales[2].

Malgré cela, le peuple tenait à ces lois; il le montra dans la résistance nationale à la conspiration papiste de Jacques II. Avant son avènement, il avait suffi que le duc d'York apparût à Edinburgh pour que les étudiants de la capitale brûlassent le pape en effigie dans la *High Street* (jour de Noël, 1680). Cinq ans après, entrer dans le giron de l'église, était entrer dans la faveur du roi — mais le protestantisme du peuple ne fut pas un seul instant ébranlé : le trône s'y brisa comme contre un roc.

En 1700 et en 1702, tous les décrets contre les papistes furent ratifiés. A cette époque, il y avait en Écosse une vingtaine de prêtres séculiers, 4 bénédictins, 5 franciscains, 10 jésuites et environ 14,000 communiants catholiques[3]. La réaction, sous Guillaume III, n'eut pas toute la violence qu'on aurait pu en attendre ; preuve en soit l'histoire du père Davidson qui, banni à vie en 1693, revint en Écosse. Arrêté, il eût dû, d'après la législation, subir la peine de mort ; on se contenta de l'envoyer en Irlande. Il put bientôt en revenir et travailler à la mission écossaise jusqu'à la fin de ses jours. Cependant les conditions d'existence faites

[1] *St Mary's Cathedral*, 55. — M. Bellesheim donne à cette occasion une liste, qui est un chef-d'œuvre de confusion, de toutes les sectes protestantes qui avaient pris la place de l'unique religion des pères (IV, 88). Il croit porter ainsi un coup fatal au protestantisme ; il oublie que tout le monde n'a pas comme lui le culte de l'uniformité, et que bien des consciences placent au-dessus de la forme religieuse la raison et la sincérité individuelles.

[2] Bellesheim, IV, 118 et 120.

[3] D'après des statistiques établies par des catholiques ; cf. Bellesheim, IV, 128 et 151.

aux catholiques furent dures. Dès 1688, le peuple d'Edinburgh mit au pillage la chapelle d'Holyrood et la maison de la comtesse de Traquhair; des réunions religieuses furent dispersées à Edinburgh et à Aberdeen. Le clergé eut à souffrir pour son zèle désintéressé[1]. « Aux heures où ils étaient poursuivis, écrivait au nonce de Paris, le procurateur de la mission dans cette ville, les prêtres se réfugiaient dans les montagnes avoisinantes, dans les rochers et les solitudes; lorsque les poursuites cessaient, pendant la nuit et le matin avant le lever du soleil, ils revenaient pour exercer leur ministère parmi leurs fidèles; de la sorte, l'évêque et les autres prêtres, dont j'étais, échappèrent aux espions du gouvernement[2]. »

Bien que l'Acte de tolérance de 1712 n'ait concédé aucune liberté aux catholiques, la persécution à leur égard devenait moins âpre, lorsque les soulèvements jacobites vinrent la raviver. Les évêques Gordon et Wallace appelaient leur roi le vieux prétendant Jacques III et le considéraient comme un des protecteurs du catholicisme écossais[3]. Comment s'étonner des rigueurs politiques dont fut victime une église qui se mettait ainsi en révolte ouverte contre le régime établi ? La défaite du prince Charlie amena d'atroces représailles : « Les Gaëls barbares d'Ecosse, dit Henri Martin, avaient fait la guerre en hommes civilisés ; les Anglo-Allemands usèrent d'une victoire due au nombre en sauvages ivres de sang ; » cette réaction « promena dans la Haute-Ecosse le meurtre, le viol et l'incendie[4]. » S'il faut en croire M. Bellesheim, plus de 1.000 personnes furent transportées en Amérique ; les clans des Highlands furent décimés et dispersés ; des chapelles catholiques furent détruites; le séminaire, fondé en 1712 par l'évêque Nicolson dans les monts presque ignorés de Glenlivat, fut saccagé et brûlé ; des missels et des vêtements ecclésiasti-

[1] Le traitement des prêtres était peu élevé. Cf. Bellesheim, IV, 125 et 138 à 144.

[2] Rapport du 5 septembre 1698, cité par Bellesheim, IV, *Appendix*, 368.

[3] Bellesheim, IV, 383.

[4] *Histoire de France*, XV, 289.

ques furent publiquement livrés aux flammes; les prêtres et le peuple furent durement persécutés. L'évêque Macdonald se réfugia à Paris, d'où il ne revint qu'en 1749, sous le faux nom de M. Brown[1].

Le fanatisme religieux n'avait pas cessé de venir en aide aux mesures politiques. Les églises presbytériennes s'excommuniaient les unes les autres, et l'église officielle méprisait la liberté de ses propres fidèles, au point que l'on vit un ministre obligé de s'entourer de soldats pour se faire consacrer contre le gré de sa paroisse[2]. Des protestants ayant si peu de tolérance les uns pour les autres ne pouvaient pas ménager leurs ennemis héréditaires[3]. On raconte l'histoire d'un Maclean, *laird* de Coll et ancien de la *Kirk*, qui, repris par l'Assemblée générale pour sa tolérance vis-à-vis des catholiques de son île, se posta un dimanche matin à la bifurcation de deux chemins conduisant l'un au temple, l'autre à la chapelle catholique, et se mit à frapper avec sa canne tous ceux qui prenaient le second. De là serait venue cette étrange désignation du presbytérianisme : « *Creidimh a bhata bhui* » (la foi du bâton jaune). Les catholiques de l'île de Uist, opprimés par leur propriétaire qui voulait les amener à renier leur foi et à envoyer leurs enfants aux écoles protestantes, s'exilèrent en masse pour se fixer soit à Edinburgh, soit en Amérique[4] (1772).

Pauvre et persécutée, l'église catholique d'Ecosse offrait un exemple de constance et de foi auquel il est impossible de ne pas rendre hommage. Il nous reste encore à mettre en relief une figure qui, d'après le témoignage des historiens catholiques, ne manque ni d'intérêt ni de grandeur. George Hay étudiait à l'école de médecine d'Edinburgh

[1] Bellesheim, IV, 192, 193.
[2] Cours inédit de M. le professeur Orr : *The History of the Church of Scotland*.
[3] M. Donlevy raconte que deux tableaux, exposés à Edinburgh en 1734 et représentant la crucifixion du Christ et l'église de Saint-Pierre à Rome, provoquèrent l'indignation des ministres et émeutèrent le peuple (*St Mary's Cathedral*, 70).
[4] Cf. Bellesheim, IV, 188, note du traducteur; et 218.

lorsque arriva le prince Charlie. Nommé médecin de l'armée jacobite, et fait prisonnier après Culloden, il fut amené à Londres. Là il vit un catholique dont les arguments firent impression sur son esprit (Hay était protestant), et, le 21 décembre 1748, il fit profession de la foi catholique à Edinburgh. Ses nouvelles croyances l'empêchant de prendre son diplôme de docteur, il fit ses études théologiques à Rome, fut ordonné prêtre en 1758, et vint en Ecosse, comme missionnaire. Sa prédication et son zèle lui acquirent une réputation brillante. En 1769, il fut consacré évêque à Scalan et s'établit à Edinburgh. Hay se donna corps et âme à ses coreligionnaires, s'attachant à améliorer leur condition et rêvant d'émancipation catholique [1]. Ce rêve n'était pas loin de sa réalisation.

[1] Cf. Bellesheim, IV, 212 à 232, passim.

TROISIÈME PÉRIODE

Liberté

I. — L'ÉMANCIPATION CATHOLIQUE

L'Ecosse s'aperçut qu'elle commettait une iniquité en maintenant dans l'oppression les fidèles d'une religion désormais moins dangereuse qu'impopulaire. Hay obtint du pasteur protestant toutes les facilités pour rétablir le culte catholique à Craigs ; il put construire une chapelle au cœur d'Edinburgh [1] : c'étaient là des signes de temps nouveaux. Les hommes d'Etat de la Grande-Bretagne rougissaient des lois qui pesaient sur les papistes ; ils les abolirent, en 1777 pour l'Irlande et, en 1778, pour l'Angleterre. « Tous les partis politiques, dit Cunningham, s'associèrent pour faire triompher cette mesure ; l'opposition donna la main au ministère ; les whigs s'unirent aux tories ; le banc des évêques donna à la décision le poids du savoir, de la gravité, d'un zèle bien connu pour le protestantisme ; et le *bill* passa dans les deux Chambres avec une écrasante majorité [2] ». Le Parlement avait l'intention d'introduire, à sa prochaine réunion, ces principes de tolérance en Ecosse.

Sur ces entrefaites, l'Assemblée générale de l'église presbytérienne reçut une proposition l'invitant à s'opposer, par tous les moyens, à l'extension du *bill* au nord de la Tweed (mai 1778). Dans le long débat soulevé par cette motion, intervint l'éloquent principal Robertson, le *leader* du parti modéré. Il représenta que le papiste n'obtiendrait, par la

[1] *St Mary's Cathedral*, 79.
[2] *Church History*, II, 384.

nouvelle législation, aucun pouvoir politique, mais seulement des droits civils; il s'agissait de le relever de l'incapacité d'hériter et d'acquérir des biens-fonds, et de l'autoriser, sous certaines restrictions, à célébrer son culte; encore cette tolérance ne lui serait-elle accordée que s'il prêtait serment de fidélité à la maison régnante, répudiant les droits dynastiques du Prétendant, et s'il renonçait aux principes impies qui enlèveraient aux hérétiques le droit à la bonne foi et à la sécurité personnelle, et reconnaîtraient au pape celui d'annuler un engagement pris, de déposer les princes et d'exercer dans le royaume une juridiction temporelle. L'orateur, qui en appela à l'esprit de l'Evangile en même temps qu'à l'utilité politique, fit rejeter la proposition par 118 voix contre 24.

Malheureusement la voix du principal Robertson ne fut pas entendue par tous ses concitoyens. Lorsque le parlement s'assembla, vers la fin de 1778, et que le projet de loi en faveur des catholiques lui fut présenté, un cri d'indignation partit de tous les points de l'Ecosse. Il sembla que le pays entier se levait pour protester contre un acte de justice : synodes, presbytères, municipalités, clubs, pasteurs et magistrats, paysans et porte-faix, mineurs et matelots, unirent leurs clameurs. « 79 conseils ecclésiastiques, 2 comités, 41 bourgs, 24 villes, 84 paroisses, 55 corporations et 71 sociétés privées témoignèrent leur hostilité pour une mesure qu'ils jugeaient fatale aux intérêts du protestantisme. » Ces protestations, réunies, formèrent un volume in-8° de 356 pages, intitulé : *Scotland's Opposition to the Popish Bill* et qui fait peu d'honneur aux lumières et au libéralisme de l'Ecosse [1].

[1] Cf. Cunningham, II, 385 et 386. « Il est étrange, dit cet historien protestant, de constater que la plupart de ces réclamations, destinées à empêcher les papistes de célébrer leur culte et d'acquérir des propriétés, se défendaient énergiquement de toute idée de persécution. Un prêtre était emprisonné ou banni pour avoir dit la messe : il n'était pas persécuté ! Un papiste était spolié d'un riche héritage que lui léguait un proche parent : il n'était pas persécuté ! une mère voyait ses enfants lui être ravis pour être élevés dans une religion qui, à ses yeux, les menait en perdition : elle n'était pas persécutée ! La condition des catholiques en Ecosse était semblable à celle que l'Amérique faisait aux

Mais l'opinion obéissait plus encore à la peur qu'au fanatisme; elle exagérait le sentiment de défiance que tout homme libre doit nourrir à l'égard de l'église romaine, et se laissait entraîner à une intolérance coupable. Les historiens écossais appellent ce mouvement une panique *(popish panic)*. Les moyens ne manquaient pas aux énergumènes protestants pour enflammer les esprits : des affiches représentaient John Bull enchaîné et terrassé, pour s'être laissé charmer par les sorcelleries de la femme écarlate de Babylone montée sur la bête de l'Apocalypse; à côté, le pape déliait George III agenouillé de son serment de fidélité au protestantisme, et l'évêque Hay glissait une bourse de 40.000 livres sterling dans les mains du procureur général. Des pamphlets rappelaient les pages les plus effrayantes de l'histoire du catholicisme, parlaient de la sensualité des prêtres et du despotisme du pape, allaient même jusqu'à affirmer que le *bill* donnerait aux papistes toutes les propriétés foncières du royaume.

L'excitation croissant de jour en jour, on en vint bientôt aux voies de fait. Le 2 février 1779, au cri de « *No popery!* », la populace d'Edinburgh s'ameuta et mit le feu à la nouvelle chapelle catholique. Le lendemain elle saccagea la bibliothèque de l'évêque Hay et une vieille chapelle qui y attenait; elle fit un feu de joie dans la rue avec les ornements du culte. Les magistrats ne prirent aucune mesure, et la foule put outrager impunément les catholiques. Les protestants modérés furent attaqués; le principal Robertson reçut des lettres anonymes d'insultes et de menaces; sa maison et son collège durent être gardés par des soldats. La semaine suivante la populace de Glasgow mit au pillage la boutique d'un papiste. Des mesures énergiques empêchèrent de nouvelles violences.

Pendant ce mois de février, l'évêque Hay qui revenait de Londres où il avait plaidé la cause de son église, publia une lettre pastorale adressée à ses coreligionnaires pour les

esclaves — la loi ne les reconnaissait que pour les envoyer en prison, en exil ou au gibet : et l'on jugeait pourtant qu'ils n'étaient pas victimes d'une persécution ! »

encourager à la fidélité et à la patience; il leur recommande la compassion pour les égarés qui les persécutent. « Imitons, dit-il, l'exemple de notre Seigneur sur la croix, et disons : Père, pardonne-leur ; car ils ne savent ce qu'ils font. » — Pourquoi faut-il, dans le catholicisme, que les plus beaux sentiments chrétiens se manifestent au jour de l'infortune et disparaissent dès que Rome triomphe?

Cette crise d'irritation populaire fut, pour les catholiques, un mal passager bien moindre que celui que leur aurait causé l'application stricte des lois pénales. Une preuve que ces lois étaient en grande partie sans effet et que leur rejet n'aurait été que la reconnaissance légale d'un état de choses déjà existant, nous est donnée dans le fait que les dommages subis pendant l'émeute par les maisons et même par les chapelles des catholiques, dommages évalués à 3.000 livres sterling, furent, après un discours de Burke à la Chambre des communes, intégralement couverts par le gouvernement et par les cités de Glasgow et d'Edinburgh. Or les lois interdisaient toute propriété aux catholiques, à plus forte raison la possession d'un édifice du culte.

Le Parlement n'osa pourtant pas braver l'opinion et il ne parla plus du *relief bill* pour l'Ecosse. L'Assemblée générale de 1779, revenue des sentiments de générosité exprimés par l'Assemblée précédente, tout en flétrissant les actes de violence commis par le peuple, déclara que l'abolition des lois pénales serait inopportune et dangereuse. Deux grandes associations anti-papistes se formèrent en Ecosse et en Angleterre, sous la présidence commune de lord George Gordon, « personnage, dit Henri Martin, d'une exaltation poussée jusqu'au délire ». Une pétition, lancée par elles, se couvrit de 120.000 signatures, et fut portée à Westminster par une foule immense. La manifestation dégénéra en une émeute sauvage qui dut être étouffée dans le sang.

Retardée, l'heure de la tolérance sonna enfin, et, le 22 avril 1793, le *relief bill* fut voté par le Parlement [1]. Le catholi-

[1] Cf. Cunningham, II, 387 et 389 ; Bellesheim, IV, 233 à 246 ; Donlevy, 83 à 87 ; Henri Martin, XVI, 452.

cisme tirait ainsi parti des progrès réalisés par l'esprit humain en un siècle d'émancipation, progrès qu'il avait partout combattus sans relâche.

La grande crise politique de la Révolution française et des campagnes de Napoléon apporta une trève aux querelles religieuses et ne fit que fortifier les idées de liberté et d'égalité. C'est ainsi que le journal *The Protestant* fut condamné, en 1821, à 2.000 livres de dommages-intérêts pour calomnie et diffamation à l'égard d'un prêtre de Glasgow [1].

Il restait un pas à faire. Lorsque, en 1800, fut signé l'*acte d'union* de l'Irlande et de la Grande-Bretagne, Pitt avait voulu émanciper les catholiques, c'est-à-dire supprimer les incapacités politiques qui pesaient sur eux. Le refus de George III de s'associer à cette mesure amena la chute du ministre. Celui-ci ne tarda pas à abandonner l'émancipation pour reprendre le pouvoir. Mais les catholiques, surtout en Irlande, empêchèrent, par leur activité politique, le gouvernement traditionnaliste et conservateur de rester dans la vieille ornière. Au nom de la justice, les chefs du parti libéral, Fox, Grey, Canning, réclamèrent l'égalité des droits politiques entre les diverses croyances religieuses. Peel quitta le ministère en 1827, parce que, protestant et tory, il avait toujours combattu les partisans d'une émancipation commandée maintenant par la paix publique. Il reparut au pouvoir l'année suivante, avec Wellington, et, craignant une guerre civile, il monta lui-même à la tribune et proposa solennellement aux Communes de voter le *bill* d'émancipation (5 mars 1829). « L'esprit de tolérance, dit M. Francis de Pressensé, confondu à tort avec l'esprit d'indifférence sceptique, venait, grâce à la *grande trahison* de Peel et de Wellington, de remporter une victoire décisive [2] ».

Des protestants en Ecosse s'étaient remués pour empêcher le mouvement libéral d'aboutir. Ils avaient tenu des

[1] Bellesheim, IV, 275.
[2] *Manning*; cf. *Revue des Deux Mondes*, 1er mai 1896, p. 20.

réunions anti-catholiques; une pétition contre l'émancipation avait réuni 18.000 signatures à Edinburgh et 37.000 à Glasgow. « En même temps, dit Bellesheim, il ne manquait pas de citoyens plus éclairés qui descendaient hardiment dans l'arène pour aider à briser le joug qui pesait sur les catholiques »; et il cite sir William Arbuthnot, sir James Moncrieff, Dr Chalmers, sir Walter Scott [1].

Une des plus nobles réparations de notre siècle fut cette restitution aux catholiques de la Grande-Bretagne de leurs droits naturels. Le fanatisme cessa d'être le sentiment de la majorité de la nation, et la tolérance dépassa les lois. Celles-ci interdisaient encore au clergé de prendre des titres ecclésiastiques et aux jésuites et autres ordres religieux de s'établir dans le Royaume-Uni. On vit ces deux stipulations ouvertement violées, sans qu'aucune opposition sérieuse de la part du peuple obligeât les magistrats à veiller au maintien des mesures anti-papistes.

II. — La vie de l'Eglise

Après cinquante années de ministère, l'évêque Hay s'éteignit le 15 octobre 1811. Les catholiques écossais le pleurèrent comme un père. Il laissait quelques ouvrages de théologie qui font encore autorité dans l'église qu'il dirigea; il avait contribué dans une large part au mouvement des esprits vers la tolérance; il avait affermi, par une administration sage et zélée, la foi et l'organisation de ses coreligionnaires, et il s'était occupé de la préparation du clergé. Les 23 établissements britanniques que l'Assemblée nationale avait respectés, en 1790, ne survécurent pas à la tourmente de la Révolution [2]; le jeune clergé fut donc en partie ramené sur le sol natal pour s'y préparer au sacerdoce. L'Ecosse eut deux séminaires, à Aquhorties et à Lismore.

La Révolution avait aussi envoyé en Ecosse, vers 1794, six

[1] IV, 277.
[2] Fr. Michel, *Les Ecossais en France*, II, 336; *Bellesheim*, IV, 220 à 222.

prêtres français exilés qui, exerçant leur ministère dans le vicariat des Lowlands, donnèrent aux catholiques écossais un exemple de dignité personnelle et de solidarité ecclésiastique [1].

La petite église acquit une importance nouvelle grâce au très grand nombre d'immigrants irlandais qui, fuyant la misère et la famine, vinrent s'établir dans les villes industrielles de l'Ecosse. Des chapelles et des écoles s'élevèrent, pour répondre aux nouveaux besoins. En même temps, l'esprit de l'église changeait.

Après l'émancipation, écrit M. Francis de Pressensé, « il y eut un catholicisme anglais auquel ne suffit plus la dédaigneuse tolérance accordée à une minorité inoffensive... il porta la guerre dans le camp de l'anglicanisme officiel ou du protestantisme militant [2] ». Il en fut de même du catholicisme écossais qui leva la tête et redevint conquérant. Grâce à une activité incessante, il étendit son influence extérieure; il accueillait les Irlandais dont le flot continuait à se déverser en Ecosse, et il provoquait des conversions dans les rangs des protestants ritualistes ou indifférents, surtout parmi les hautes classes. Le nombre des évêques fut porté à trois; les écoles se multiplièrent ; le collège de Blair prit avantageusement la place des deux séminaires; le père Gillies fonda, à Edinburgh, le couvent d'Ursulines de *saint Margaret*, avec l'appui de la famille royale de France. On sait, en effet, que après les journées de juillet, le morne palais de Holyrood devint l'asile de Charles X. La cérémonie de la première communion du comte de Chambord, dans la cathédrale de *saint Mary*, à Edinburgh, et les prédications du cardinal-archevêque de Reims vinrent accroître le prestige du catholicisme écossais [3]. D'autre part, la pauvreté de l'église l'obligea à rester démocratique et contribua à la rendre populaire.

En 1850, la bulle *Vineam domini* rétablit en Angleterre la hiérarchie ecclésiastique, substituant aux vicariats aposto-

1 Bellesheim, IV, 267.
2 *Manning*; *Revue des Deux Mondes*, 15 mai 1896, p. 368.
3 *St Mary's Cathedral*, 103, 104.

liques un archevêché et quatorze évêchés. Ce fut ce qu'on appela *l'agression papale*. « Cet acte provoqua une explosion de fanatisme protestant auquel lord John Russell crut devoir s'associer en faisant voter *ab irato* une loi, tacitement abrogée avant même d'avoir été appliquée, pour interdire aux évêques catholiques l'usage de titres territoriaux[1]. » Cette opposition n'empêcha pas l'église voisine de réclamer pour elle aussi la hiérarchie. Le développement du catholicisme, en Ecosse, ne s'arrêtait pas. Gillies, nommé évêque, favorisait l'introduction d'ordres religieux : Des pères de la congrégation de Marie immaculée s'établirent à Leith et à Galashiels ; des jésuites construisirent, à Edinburgh, la grande église du Sacré-cœur ; Limerick, ville irlandaise, envoya des sœurs de la Miséricorde pour diriger des écoles écossaises. Après la mort de Gillies, on fit l'acquisition de la vieille citadelle de Fort-Augustus, qui avait été construite pour tenir en respect les Jacobites des Highlands, et une colonie de bénédictins s'y établit. Malgré le zèle déployé par l'église écossaise, ce ne fut qu'après de longues tergiversations que le saint-siège par la bulle *Ex supremo Apostolatus apice*, lui accorda la hiérarchie ecclésiastique (4 mars 1878). C'était, pour le catholicisme en Ecosse, une reconnaissance officielle et surtout une organisation définitive qui ne pouvait que le fortifier. Les protestants surent garder une attitude digne de leur esprit de tolérance et du sentiment de leur force. Seuls les évêques de l'église épiscopale d'Ecosse protestèrent contre l'établissement d'une hiérarchie rivale de la leur. Dans l'Assemblée générale de l'Eglise libre, la nouvelle que l'un des députés avait télégraphié au pape, le menaçant de la cour d'assises, fut accueillie par un éclat de rire général[2] !

Le temps de la persécution des catholiques en Ecosse est bien passé. La critique historique perd de son âpre partialité ; les protestants rendent hommage à la piété et à l'honorabilité des prêtres romains et ceux-ci ont pris sur

[1] Fr. de Pressensé. *Manning*, 369.
[2] Bellesheim, IV, 314, note du traducteur.

l'opinion publique une réelle influence. Des 73 députés catholiques à la Chambre des communes, aucun ne vient d'Ecosse, mais l'église catholique écossaise compte dans ses rangs d'importantes personnalités politiques, comme le marquis de Bute, et son crédit est considérable dans l'armée de terre et de mer, dans les universités et dans les écoles. Le catholicisme se sent à l'aise en Ecosse. Il célèbre son culte avec pompe ; il donne un caractère grandiose à son cérémonial religieux et à sa musique sacrée, il convoque les foules à la consécration de ses évêques ; il envoie d'importantes délégations aux jubilés du Vatican ; il organise des pélérinages à Iona, revendiquant hautement Colomba pour un de ses Pères ; il a repris solennellement, après une interruption de 326 années, la suite de ses Conciles nationaux sous la présidence d'un archevêque de Saint-Andrews, successeur de John Hamilton et du « cardinal-martyr Beaton [1] » ; enfin, sortant de ses édifices, il prépare l'opinion publique à de grandes démonstrations futures de son culte théâtral en faisant passer dans les rues des processions d'enfants. Sa littérature se répand, surtout dans les basses classes : livres de controverse, revues, journaux, vont démontrer à l'ouvrier la supériorité du principe romain sur toute liberté individuelle et nationale. L'église catholique d'Ecosse émargeait, en 1893, au budget de l'Etat, 67.924 livres sterling, soit près de 1 million 700.000 francs, pour ses écoles. En 1871, elle ne recevait de ce chef que 4.430 livres. Nul doute que depuis six ans le chiffre n'ait encore monté.

Un simple tableau de statistique nous montrera, mieux encore que tous ces détails, les grands progrès accomplis par le catholicisme en Ecosse depuis un siècle [2] :

[1] *St Mary's Cathedral*, 117. Il faut avouer que les catholiques ne sont pas difficiles dans le choix de leurs martyrs. Beaton ne mourut ni saint, ni vierge ! Cf., sur son caractère et ses mœurs, p. 10.

[2] Nous empruntons nos chiffres à des statistiques catholiques, à MM. Bellesheim et Donlevy et au *Catholic Directory for the clergy and laity in Scotland, 1897 ;* Aberdeen. Il est difficile d'arriver à une exactitude rigoureuse dans cette branche spéciale de la statistique qui n'a pas échappée aux querelles confessionnelles. Des journaux catholiques veulent montrer leur église en marche vers la conquête définitive de

Année	Evêques	Prêtres	Edifices du culte	Ecoles	Couvents et institutions	Population catholique
1800	2	40	12			30.000
1829	3	64	31	20		70.000
1878	6*	270	255	196	27	320.000
1896	7*	410	349	245	66	363.000

Ce bel essor d'une église dont les chaînes viennent de tomber s'explique, en partie, par l'accroissement simultané du peuple écossais, et par l'immigration irlandaise ; il n'en reste pas moins un exemple utile d'énergie disciplinée et persévérante offert par un système d'asservissement à tous les amis de la liberté.

III. — La tactique de Rome et le devoir protestant

« Si, un jour, l'autorité des églises presbytériennes, affaiblie par l'esprit laïque et l'inefficacité de ces églises, perdait sa prise sur les masses, l'église romaine, prenant avantage de ce fait, pourrait, par son zèle, par son habileté à travailler la pensée et l'activité des hommes, provoquer un éveil de ferveur religieuse, balayer devant elle les forces divisées du protestantisme, et rétablir chez les Highlanders l'unité imposante et l'autorité persuasive de Rome[1]. » Ce rêve, exprimé dans un des premiers journaux politiques de l'Ecosse, par un écrivain qui ne comprenait ni l'esprit ni la puissance de vie du protestantisme, se retrouve dans le cœur de tout bon catholique écossais ; et l'effort répond au rêve. Faire plier et briser la volonté d'une race puissante ; subjuguer des millions d'énergies libres qui sont une des

l'Ecosse et publient chaque nouveau chiffre comme un cri de victoire. D'autre part, ils accumulent les statistiques pour démontrer l'immoralité des pays protestants et pour prophétiser la fin prochaine de l'hérésie. Des journalistes protestants, au contraire, nous prouvent, chiffres en main, que le catholicisme perd du terrain en Ecosse. Pourquoi affirment-ils, en même temps, que la Saint-Barthélemy fit 2 millions de victimes (*The Christian*, 5 mai 1898) !

[1] *The Glasgow Herald*, septembre 1886 ; cité dans la *préface du traducteur* de M. Bellesheim, I, VIII.

* Dont deux archevêques.

plus grandes forces du monde; faire triompher les principes papistes dans le cœur même de la Grande-Bretagne; remporter sur le protestantisme la plus décisive des victoires; tel est le programme d'action du catholicisme britannique. Dans sa pensée, s'emparer de la plus forte des citadelles de l'hérésie serait la tuer partout.

Quels moyens d'action met-il en œuvre?

Les journaux cléricaux prêchent une croisade de prières pour la conversion de l'Angleterre et de l'Ecosse. Cette croisade est organisée avec soin; elle a son quartier-général, pour l'Ecosse, au monastère de Fort-Augustus. Les personnes qui désirent se rattacher à la confraternité, appelée, du nom du patron de l'Ecosse, la *ligue de saint André*, n'ont à verser aucune cotisation; il leur suffit, pour toute activité, de dire chaque jour une courte prière, et de communier une fois l'an, en faveur du but poursuivi. Un autre des centres de ce mouvement est l'église britannique de la Passion à Paris, où s'est formée la *confraternité de notre Dame* pour la conversion de l'Angleterre. Le 2 février 1898, ces associations ont été reconnues officiellement par le saint-siège[1]. Louis XIII, dont la sollicitude pour la Grande-Bretagne ne s'est jamais ralentie, distribue des indulgences aux membres de ces ligues, et fait appel aux catholiques du monde entier pour que d'innombrables prières hâtent le retour de la grande île à l'église seule véritable.

La prière ne suffisant pas, le catholicisme écossais s'arme, en outre, d'un système habile d'accommodements. Le principal organe de l'opinion catholique en Grande-Bretagne, *The Catholic Times*, fait l'éloge de M. Brunetière, dont les écrits et les conférences tendent à prouver que tout bon

[1] Cette confirmation donna lieu à une brillante cérémonie, présidée par le cardinal Parocchi, vicaire général du pape, dans l'église de saint Sylvestre, à Rome. Dans son discours, le cardinal-vicaire parla des gloires du peuple anglais et en loua les qualités; il esquissa un tableau des avantages qu'apporterait au catholicisme la conquête de l'Angleterre. Il conclut en faisant appel aux prières des croyants pour que la Grande-Bretagne redevînt l'île des saints, le douaire de la vierge Marie (*The Scotsman*, 3 février 1898).

Français doit être catholique[1]. Sans doute, pour les rédacteurs de ce journal et pour leurs pieux confrères, tout bon Ecossais ne peut être que catholique romain. Mais n'attendez pas de leur part une telle affirmation ; ils ne veulent pas émeuter l'opinion et se présentent au contraire comme animés d'un vrai libéralisme. Voyez plutôt : ils donnent leur pleine approbation aux idées éducatrices de la sœur Marie, du Sacré-Cœur de Paris[2], dont l'ouvrage éclairé vient d'être condamné à Rome. Au sujet de la guerre hispano-américaine, ils déclarent qu'ils ne peuvent excuser la tyrannie exercée sur Cuba par la catholique Espagne : « Nous sommes, disent-ils, pour que l'on accorde le *Home Rule* aux Cubains et que l'on mette fin au mauvais gouvernement de l'Espagne ou même du pape (s'il était possible que, prince temporel, le pape gouvernât mal)[3]. » S'agit-il des élections législatives en France, nous ne retrouvons pas l'esprit étroit et grossier de la *Libre Parole* ou des *Croix*[4] ; d'ailleurs, l'antisémitisme n'est pas de mise en Ecosse : *The Edinburgh Catholic Herald* nous apprend, avec une pointe d'ironie, que Max Régis est un juif italien naturalisé français et Drumont un descendant de juifs portugais ; ce dernier, un des piliers de Rome chez nous, est traité de la belle manière : « Beau parleur et brillant écrivain, il trouvera toujours des Français pour le suivre ; sa méthode, qui ne connaît pas de scrupules, fait de lui l'idole de tous ceux qui cherchent dans la politique moins le bien public qu'une occasion de pêcher en eau trouble ». Les agitations anti-

[1] Cf. nº du 4 mars 1898, page 7.

[2] *The Edinburgh Catholic Herald*, 1er avril 1898, p. 8.

[3] id. 29 avril 1898, 8.

[4] Avec candeur, *the Catholic Times* de l'année dernière nous montre les évêques français accourant en grand nombre à Rome pour chercher conseils et instructions en vue de la bataille électorale, puis se jetant dans la mêlée et secouant l'apathie politique de leurs troupeaux ; il se réjouit ensuite de la majorité qu'a obtenue le ministère Méline et de la fusion qui se produit entre les monarchistes et les républicains modérés ; il espère que les républicains catholiques, qui, grâce à la sage politique de Léon XIII, sont les maîtres de la situation, sauront profiter de l'occasion qui leur est offerte pour relever et fortifier l'église, opprimée en France, (4 mars, 8 ; 18 mars, 8 ; 13 mai, 7 ; cf. aussi *The Edinburgh Catholic Herald*, 13 mai, 8.

sémitiques d'Alger proviennent d'un accès de fureur populaire «digne du moyen âge.[1] » Décidés à ménager l'opinion publique, les journaux catholiques écossais sont allés plus loin : ils se sont déclarés franchement révisionistes, dès le début de l'affaire Dreyfus. Ici, ils se sont heurtés à une grosse difficulté ; les journaux de toutes nuances s'en prenaient aux jésuites, « ennemis jurés de la justice et de la liberté » ; la presse catholique ne pouvait aller jusque là ; elle ignora donc les écoles congréganistes d'où sortent un grand nombre de nos officiers, refusa d'accepter tous les bruits d'intervention cléricale dans l'Affaire, et ferma les yeux sur la campagne menée par les journaux catholiques de France. Tout le danger que couraient la loi et la justice, provenait d'un arrogant militarisme, et aussi, étrange inconséquence, des radicaux et des socialistes. « Ceux-ci, ne cessent de déclarer que Zola est victime des machinations des jésuites ; accusation absurde ; M. Clémenceau et ses amis politiques, qui connaissent leur pays, veulent mettre à profit les préjugés de l'irréligion et de l'anticléricalisme[2]. » Cet obstacle ainsi aplani, écoutez les affirmations surprenantes de ces défenseurs des jésuites : « La France n'a pas le droit de refuser un procès loyal au capitaine Dreyfus, dont l'honneur et la réputation sont en jeu » — La première condamnation de M. Zola semble avoir été « un acte de vengeance plutôt que de justice. » — La mise en réforme du lieutenant-colonel Picquart est « un des premiers fruits de la Terreur militaire. » — Avant le second procès Zola, il passe sur Paris un tel souffle de partialité et de passion, que la conscience jésuitique se révolte : « M. Zola sera condamné sans qu'il ait été fait allusion au procès Dreyfus, et l'honneur de l'armée sera vengé. Etrange[3]! » Ces journaux «jésuitico-dreyfusards » savent se montrer plus libéraux encore, d'un libéralisme presque excessif. Voulez-vous savoir ce qu'ils disent de Gladstone, à la mort du *leader* du parti libéral ?

[1] 15 avril 1898. 13.

[2] *The Catholic Times*, 1898, 15 avril. 8,

[3] *The Catholic Times*, 1898, 4 mars, 7 et 8 ; *The Edinburgh Catholic Herald*, 1898, 4 mars, 4 et 15 ; 22 avril, 8.

Sans doute Gladstone fut le champion du *Home Rule* pour la catholique Irlande, mais ce grand homme d'Etat fut un grand protestant et un protestant militant, auteur de vigoureux ouvrages contre le système romain. Ecoutez *The Catholic Times :* Cet hérétique mourut avec une noble résignation chrétienne et une profonde confiance en la bonté de Dieu. Sa vie, exempte de tout fanatisme religieux, reste un exemple grandiose de sincérité et de dévouement au devoir. M. Henri Rochefort aurait dû admirer sans réserves, sans mettre en avant les épithètes dédaigneuses de « piétiste » et de « protestant bigot ». Il n'y a pas, au contraire, d'éloges trop grands pour le plus grand des fils de l'Angleterre, gloire de son pays et de l'humanité, qui n'a laissé derrière lui qu'un seul personnage plus grand que lui -- le chef de l'église catholique, sa sainteté Léon XIII [1] — Qu'ont dû penser de ce dernier trait les membres du collège des cardinaux, et, en particulier ceux d'entre eux qui convoitent par anticipation le trône pontifical ?

L'église catholique d'Ecosse est l'amie de la démocratie ; elle ouvre des souscriptions pour grossir les secours accordés par le gouvernement aux habitants de l'Irlande occidentale qui souffrent de la famine ; elle organise des conférences populaires ; elle réclame l'ouverture des musées et des jardins publics le dimanche, et nous devons avouer que nous regrettons comme elle que le protestantisme écossais sache mal s'accommoder de la saine gaîté, qui est, quoi qu'il en dise, une des forces de la moralité publique ; les journaux catholiques font une place importante aux fantaisies, aux jeux d'esprit, aux romans-feuilletons (*The Catholic Herald* en publie six à la fois !) ; ils encadrent le compte-rendu d'une représentation théatrale entre deux sermons, ou, ce qui jure moins, l'impriment côte à côte avec un autre compte-rendu, celui d'un service solennel de la cathédrale d'Edinburgh ! Ce mélange du sacré et du profane n'est pas pour déplaire au peuple.

[1] 20 mai, 6 ; 27 mai, 6 et 8. Le ton est le même dans le *Catholic Herald* du 27 mai.

Laissons les journaux, quittons la rue et pénétrons dans les églises. Ici encore nous trouvons un catholicisme approprié aux circonstances. Architecture simple; point ou peu de chapelles latérales, de statuettes, d'images; les sièges gratuits — ce sont des bancs, tout comme dans un temple protestant; la chaire joue un rôle aussi grand que l'autel; on y lit des chapitres entiers de l'Evangile; on y fait retentir de fréquentes prédications; on s'y défend avec acharnement de toute adoration des images ou de la Vierge — fables absurdes inventées sans fondement par les ennemis de l'église; les fidèles que l'Evangile ne peut satisfaire trouvent un calendrier tout préparé, et adressent leurs dévotions à des saints, non des saints étrangers, mais des saints nationaux, dont, généralement, on a ramassé les légendes un peu partout, excepté dans l'histoire. Dans les églises pénètrent en foule des personnes de toutes les classes; l'ouvrier y coudoie la grande dame plus facilement que dans les temples presbytériens.

Idées libérales et démocrates, culte simple et populaire, clergé d'élite, trié sur le volet — voilà le catholicisme écossais bien armé; mais ce qui fait surtout sa force, c'est qu'il se pose en champion de la liberté religieuse. Un tel rôle revient facilement à une église qui fut si longtemps persécutée; elle réclame la liberté pour elle et l'égalité des droits pour les religions; elle rallie ainsi autour d'elle de nombreux esprits libéraux qui ne se doutent pas qu'ils côtoient un abîme.

Ecossais, prenez garde à vous !

Ecoutez l'avertissement solennel d'un historien qui vous est cher: « Dans les pays protestants où elle rencontre de l'opposition, l'église romaine revêt la forme d'un ange; énergique et dévouée, évitant le scandale, elle réclame la liberté, faisant parade de tolérance. Ailleurs, elle a tué l'esprit même de la religion... Lorsqu'elle a été au pouvoir, elle s'est montrée sous son vrai jour: paresseuse, sensuelle, tyrannique. Elle s'est aliéné tout esprit sincère en Espagne et en Italie, de même qu'elle s'aliéna, il y a trois siècles, les ancêtres de ceux qui retournent dans son sein[1] ». Avec une hardiesse égalée seulement par son habileté ou sa fourberie, Rome s'insinue au milieu de vous et jette sur votre sol généreux les germes de désagrégation morale et sociale qui la suivent partout. Elle fait patte de velours ; si vous n'avisez à temps, craignez de sentir ses griffes. Relisez les leçons du passé, regardez celles qui s'écrivent tous les jours au livre de l'histoire, et démasquez les hommes noirs, et défendez contre eux vos libertés menacées !

Est-ce à dire que vous deviez recommencer à persécuter ? — A Dieu ne plaise ! L'intolérance, imitée de Rome, a déplorablement compromis la cause du protestantisme ; que l'épée rouillée reste dans le fourreau ; faites mieux, brisez cette épée en face de votre ennemi qui n'a jamais cessé de brandir la sienne ; le jour où le dernier tronçon d'acier tombera de vos mains généreuses sera le jour de votre victoire définitive. Lorsque le protestantisme aura rejeté tous les restes de papisme qui traînent dans son sein, et que, drapé dans la justice, dans la liberté, dans une piété sincère et éclairée, dans une union fraternelle autour de son Sauveur, il se dressera en face du catholicisme bardé de fer, la lumière qui jaillira du guerrier désarmé éblouira son adversaire qui reculera, honteux, et s'évanouira dans la nuit.

Je sais, hélas ! que le protestantisme est encore loin de cet idéal, loin de l'esprit primitif de l'Evangile, de cet esprit qui anima son Chef. Trop souvent, il semble vouloir nager dans les eaux de Rome ; il lui en coûte de lâcher son épée ; il veut un pape, et il se soumet, les yeux fermés, à la Bible, source de cette lumière, dont il devrait remplir son regard ; il veut une église infaillible, et il crée une ortho-

[1] J. A. Froude, *Short studies on Great subjects : Revival of Romanism* ; Londres, 1877 ; III, 143.

Voici ce qu'on ose écrire, en France, dans un ouvrage *recommandé par tous les journaux catholiques :* Le protestantisme « a fait de l'Angleterre un immense lupanar » ; cette religion, « basée sur la lubricité, donne là tous ses fruits... Le clergé protestant et les peuples de cette religion croupissent dans l'immoralité la plus chronique et la plus invétérée ».

doxie qui fait sourire les sceptiques les plus respectueux; il veut rester sous le régime de la loi, de cette loi de Dieu qui le fit persécuteur; il veut une religion d'autorité, et il conserve en Angleterre une miniature de l'église romaine, et des presbytériens tendent à substituer leur dogmatique et leur église à l'individualisme évangélique, au royaume de Dieu ! Pourquoi faut-il que des protestants renoncent à leur privilège le plus noble ? la liberté est-elle pesante sur leurs épaules timides ? — Quel aveuglement les empêche de voir que cette liberté est la plus grande de leurs forces, le levier avec lequel ils soulèveront le monde !

Les Ecossais ont des associations protestantes dont le but est de dévoiler les manœuvres de Rome et du ritualisme et de les combattre au nom des principes protestants [1]. Ils ne se doutent pas que quelques-unes de leurs attaques peuvent leur être renvoyées et que cela suffit à infirmer leur vaillante campagne. Qu'ils n'aient pas, eux aussi, leur *Syllabus !* le temps est passé où un système dogmatique pouvait convertir les hommes. Qu'ils proclament, en face du christianisme esclave, le christianisme libre, le véritable protestantisme; qu'ils appellent les consciences à Jésus seul et non à Calvin ou à Knox; qu'ils laissent au second plan leurs traditions ecclésiastiques et leurs

[1] Nous avons eu le privilège, pendant notre séjour à Edinburgh, de causer avec M. William Patterson, secrétaire d'une association féminine anti-papiste, *the Scottish Women's Protestant Union*. Ce révérend a eu l'amabilité de nous offrir le compte-rendu détaillé d'un congrès national protestant tenu à Edinburgh en 1894. — Il nous a été possible aussi de suivre une série de leçons données à l'institut protestant *(the Protestant Institute of Scotland)* par le rev. Salmond sur le catholicisme. — Enfin, nous avons entendu de violentes conférences contre les superstitions papistes, faites par M. Slattery, ex-curé irlandais, actuellement pasteur baptiste aux Etats-Unis. Ce hardi polémiste a eu la courtoisie de nous offrir quelques-unes de ses brochures. L'une d'elles a une curieuse histoire : l'auteur y a réuni, sous le titre de *the Devil's prayer book,* quelques-unes des instructions les plus immorales que reçoivent les confesseurs; le texte latin est accompagné d'une traduction forcément coupée de nombreuses lacunes. Accusé par les catholiques d'Edinburgh, M. Slattery fut condamné comme pornographe. De nombreux protestants ont pris parti contre le conférencier et pour les catholiques, les véritables auteurs !

théories conservatrices ! Lorsqu'ils auront chassé le catholicisme intérieur, ils seront unis pour la lutte [1], enflammés d'un saint enthousiasme pour l'Evangile, qui, dégagé de toute pensée de servitude, remplira leurs cœurs d'une vie religieuse intense. Apôtres du Christ, ils parleront avec une autorité nouvelle, et les hommes accourront autour du drapeau du divin Maître, contre les plis duquel Rome brisera son épée.

[1] Nous avons eu la grande joie de voir que le protestantisme écossais se rend compte de la nécessité de l'union ; au mois de mai 1898, les Assemblées générales des Presbytériens unis et de l'Eglise libre ont décidé de fondre leurs églises en une seule ; et l'Assemblée générale de l'Eglise établie accueillait dans son sein l'archevêque anglican de Canterbury qui fit un discours sur la question de la tempérance. Le protestantisme ne sera invincible que lorsqu'il aura appris à placer tout ce qui unit au-dessus de tout ce qui divise.

Conclusion

Nul plus que nous n'a de respect pour les catholiques. Nous en connaissons de très honorables dont la vie est un modèle d'honnêteté, de dévouement, de largeur intellectuelle, et vers lesquels la sympathie nous porte, plutôt que vers des protestants sectaires ou déloyaux ; nous en connaissons dont le cœur déborde d'amour chrétien pour Dieu et pour leurs frères. Mais ces hommes ne rédigent pas le programme du catholicisme : leur rôle est d'entretenir l'indulgence du monde pour un système ecclésiastico-politique qui a déclaré la guerre à toute humanité, et qu'ils jugent en aveugles, en résignés ou en indifférents. Les défenseurs de ce système, loin d'en être les auteurs, ont été eux-mêmes façonnés par le despotisme de cette religion caduque, incapable de progresser, effrayée de la science, obligée, pour vivre, de conspirer contre toutes les libertés. Aussi n'éprouvons-nous que de la pitié pour les représentants d'une église qui, si elle n'avait encore quelques reliques de piété vraie, ne mériterait que la haine et le mépris des hommes.

L'édifice vermoulu qu'ébranlèrent les réformateurs a vu ses fondements raffermis ; ses murailles lézardées ont été redressées et replâtrées ; sa toiture s'élève avec arrogance ; son portail est largement ouvert. Ceux qui pénètrent au cœur de la citadelle y sont revêtus de vieilles armures forgées dans la nuit ; ennemis de la pensée moderne et des libertés politiques et religieuses, aveuglément soumis à leurs chefs, ils préparent la mort de la conscience, la dégradation des peuples, l'abâtardis-

sement de l'humanité ; leur épée de chevet est le Syllabus. *Bien téméraire celui d'entre eux qui cherche à ouvrir les fenêtres pour respirer et pour y voir clair ! — s'il ne veut pas renoncer à sa dignité d'homme libre, il doit rompre avec Rome, s'enfuir loin de l'atmosphère et des ténèbres du moyen-âge amoncelés dans l'édifice.*

Lorsque ces soldats, sortant de leur tanière, viennent attaquer nos libertés, saper nos institutions, instiller dans l'esprit de nos fils leurs doctrines empoisonnées, ne nous défendrons-nous pas ? serons-nous accusés d'intolérance, si nous mettons un frein à la liberté des ennemis de la liberté ! [1]

Comme un narcotique débilitant, leur influence, partout où elle domine, endort les sentiments, innés en l'homme, de noblesse et de bonté. Si nous revoyons, comme en un cauchemar, avec un frémissement d'indignation, le bûcher de Servet, les supplices ordonnés par Elisabeth, et le code pénal écossais, nous ne pouvons nous en prendre qu'à l'éducation catholique de nos réformateurs, et à l'air ambiant saturé des souvenirs et des traditions de cette église qui, de droit divin, avait forgé le dogme de l'intolérance. Quelle que fût la monstrueuse inconséquence des protestants qui brandirent le glaive persécuteur, le principe de tolérance mutuelle ne pouvait pas, sans une longue transition de nobles efforts, porter tous ses fruits chez les fils émancipés de Rome. Aujourd'hui encore, les disciples de l'Evangile doivent lutter, pour se soustraire à cette influence néfaste ; s'ils ne sont plus persécuteurs, ils sont trop souvent fanatiques ; ils n'ont pas atteint l'idéal de libéralisme vers lequel ils tendent et dont ils se rapprochent toujours davantage. Nous ne sommes pas de ceux qui disent : « Il n'y a pas de religion sans fanatisme » ; nous disons : « Il n'y a pas de christianisme parfait, là où reste quelque trace de fanatisme. »

[1] Les lois qui mettent sur un pied d'égalité les écoles congréganistes et les écoles de l'Etat, nous livrent, pieds et poings liés, aux puissances de réaction. La belle liberté qui permet à nos enfants de désapprendre ce qu'est la liberté !

Crier à Rome, lorsqu'elle empiète sur nos libertés : « Tu n'iras pas plus loin ! » n'est pas faire acte de fanatisme. Au contraire, c'est faire preuve de barbarie que de monter, avec des armes meurtrières, à l'assaut de l'antique forteresse. Sans frapper les idées dans les hommes, sans démériter de Celui qui a dit : « Aimez-vous les uns les autres », par la seule force de l'éclat de la vérité et de l'union défensive des énergies libres, nous vaincrons.

Table

Thèses

I

Le catholicisme, partout où il rencontrera la liberté, s'il est le maître, jure de la détruire, et il la détruit en effet. Réciproquement, la liberté, si elle est maîtresse, partout ou elle rencontrera le catholicisme, jure de le respecter. Abattu, elle le relève ; vaincu, elle lui demande grâce ; l'un combat avec un glaive tranchant, l'autre avec un roseau rompu.

Ce contrat doit-il durer toujours ?

La liberté, est-ce le droit et le pouvoir de détruire aisément et impunément la liberté ?

(Edgard Quinet).

II

Pour une politique vraiment nationale, pour l'éducation de citoyens libres et responsables, pour toute religion personnelle et virile, « *le cléricalisme, voilà l'ennemi !* »

III

Une minorité catholique, malgré son infériorité intellectuelle et sociale, sera souvent plus capable de résister et même de faire des conquêtes qu'une minorité protestante. La première a pour elle l'uniformité et la discipline qui proviennent d'un pouvoir central fortement organisé. La seconde, si elle veut vivre et s'étendre, doit, dans une unité fraternelle, discipliner ses efforts et se donner une tête, conseil ou assemblée. Cet argument pratique en faveur de l'union des diverses dénominations protestantes nous paraît supérieur à toutes les querelles, souvent bien mesquines, de doctrines et de partis.

IV

Le protestant est l'homme qui proteste contre tous les despotismes, au nom de l'Evangile libérateur des consciences et des peuples.

V

Le prédicateur évangélique, pour répondre aux besoins actuels, ne doit pas imposer à ses auditeurs un système dogmatique ou philosophique. Dans l'Evangile, source immuable de sa prédication, il doit dégager, de la lettre souvent morte et toujours asservissante, l'esprit sublime qui anima son divin Maître, esprit de simplicité et de sainteté, de douceur et d'énergie, de piété enfantine et de sacrifice héroïque, de vie libre et féconde, levain céleste, véritable salut de l'individu et de la société.

VI

Il est très important que les étudiants en théologie, à côté de leurs études théoriques, s'appliquent à connaître toujours mieux, par l'observation, la psychologie et l'histoire, les hommes et la société qu'ils se proposent de gagner à l'Evangile.

VII

L'étude du catholicisme devrait occuper une place considérable dans la préparation des pasteurs.

VIII

Dans les écoles de théologie les examens de fin d'études ne sont guère autre chose que des exercices de mémoire. Loin de cultiver chez l'étudiant la pensée individuelle, ils tendent, en lui faisant exposer comme siennes les opinions de ses professeurs qu'il n'est nullement tenu de partager, à l'étouffement de sa personnalité. La théologie s'apprend, mais aussi elle se pense.

IX

Tout futur pasteur devrait se faire un devoir de se livrer avec méthode à des exercices en plein air, afin de partager une des récréations les plus saines de notre jeunesse universitaire, et d'apporter, plus tard, à sa paroisse, un tempérament robuste, dur à la peine, rompu à une hygiène virile.

X

Il devrait aussi étudier la musique (solfège et harmonium), précieux élément de vie dans une église.

Vu par le Président de la soutenance,
F. MONTET.

30 mai 1899.

Vu :
Le Doyen,
C. BRUSTON.

Le Recteur,
Président du Conseil de l'Université,
PERROUD.

www.ingramcontent.com/pod-product-compliance
Ingram Content Group UK Ltd.
Pitfield, Milton Keynes, MK11 3LW, UK
UKHW020309220726
13923UKWH00003B/1036

9 782019 990411